U0088184

成功路上並不擁擠，因為堅持的人不多

人一生最重要的就是先學會做人

失敗只是暫時沒有成功而已！

WWW.foreverbooks.com.tw
yungjiuh@ms45.hinet.net

幻想家系列 52

成功路上並不擁擠，因為堅持的人不多

編　　著　瑪緹斯
出 版 者　讀品文化事業有限公司
執行編輯　呂志榮
美術編輯　姚恩涵

總 經 銷　永續圖書有限公司
TEL／(02)86473663
FAX／(02)86473660
劃撥帳號　18669219
地　　址　22103 新北市汐止區大同路三段 194 號 9 樓之 1
TEL／(02)86473663
FAX／(02)86473660
出 版 日　2018年04月

法律顧問　方圓法律事務所 涂成樞律師
CVS代理　美璟文化有限公司
TEL／(02)27239968
FAX／(02)27239668

國家圖書館出版品預行編目資料

成功路上並不擁擠,因為堅持的人不多 / 瑪緹斯
編著. -- 初版. -- 新北市 : 讀品文化,
民107.04印刷 面 ; 公分. -- (幻想家 ; 52)
ISBN 978-986-453-072-4(25K平裝)
1.成功法 2.自我實現
177.2 107002380

Contents

01 停滯不前，誰捆住了你的手腳 7
02 很多問題是你自己造成的 11
03 走出牢籠，自我設限最可怕 16
04 別退縮，你有自我提升的責任 21
05 什麼都沒做錯或許是最大的錯 26
06 讓「我一定行」代替「我不行」 31
07 被套牢，別總在習慣中打轉 36
08 拒絕從眾，與眾不同更有價值 40
09 敢於質疑，給權威一封挑戰書 46
10 把握關鍵，再尋找解決之道 51
11 創意從不按常理出牌開始 56
12 從小事中尋找出口 60
13 多與人交流，碰撞出思想火花 65

成功路上並不擁擠，
因為堅持的人不多

Not Many People Can Reach Success

14 在變通中化解變化的問題 70
15 聰明工作，不是耍小聰明 75
16 學習充電，知識讓思路更務實 80
17 勤於觀察，思考不是胡思亂想 85
18 獨立思考，嘗試培養創新習慣 89
19 有時候，放棄也同樣重要 93
20 善待自己，原諒偶爾的過失 98
21 學會減壓，別跟自己過不去 102
22 得意淡然，平和是最佳心態 106
23 別瞻前顧後，擔心過多會怯懦 109
24 趕走悲觀自卑，擺脫負面思維 114
25 懂得自省，找到最適合自己的路 119
26 聽取他人意見，接受良言指點 123

Contents

27 心裡不認輸，方法就比問題多 128
28 別有僥倖心理，否則問題更多 133
29 馬上動手，擁有開始力 138
30 進度緩慢可以被原諒嗎 143
31 尋找品質與效率的最佳平衡點 146
32 越做越強，得到持續執行力 151
33 主動找方法，你能脫穎而出 156
34 用更簡單的方法解決問題 161
35 運用專注的力量來創造奇蹟 166
36 用耐力和毅力去實現目標 170
37 運籌時間，你需要黃金定律 174
38 忙到重點上，不要苦勞要功勞 179
39 想往前走，目光就放在遠處 184

Not Many People Can Reach Success

40 多一個朋友，多一種可能 189
41 靈活多變，任何人都會喜歡你 194
42 多從別人的失敗中總結經驗 198
43 從細節海洋中發現有用資訊 203
44 多角度思考，獲得多方面力量 208
45 沒有時間，你因何而忙碌 213
46 挑戰發散思維，提升創造力 217

01 The Success Principle

停滯不前，誰捆住了你的手腳

「不要停止，要繼續尋找，直到找到自己喜歡的東西。」這是賈伯斯在二〇〇五年六月於史丹佛大學發表的畢業演說中的一句話。

不管是在生活還是在工作中，人總會有力不從心、停滯不前的時候。當出現這樣的情況時，是拖延，還是逃避，或是果斷勇敢的迎上去，開闢另一片天地呢？

一艘貨輪卸貨後返航，在茫茫大海上突然遭遇到前所未有的巨大風暴。猙獰的排浪和瘋狂的暴風一次次襲捲著這艘貨輪，把貨輪一會兒拋到浪尖上，一會兒又甩到浪谷下，時刻都有船翻人亡的危險。

驚慌失措的船員和水手們，個個臉色蒼白的圍住老船長，求老船長想出脫險的辦法。

船被颶風狂飆吹打得劇烈搖晃，海水嘩嘩咆哮的濺到甲板和貨輪上。

老船長果斷的下達命令說：「打開所有的貨倉，立刻往貨倉灌水！」

幾位年輕的船員和水手擔憂的說：「風暴這樣厲害，浪又高，貨倉裡什麼也沒裝已夠危險了，如果再把貨倉裡灌滿了水，增加了貨輪的載重，我們豈不就更危險了嗎？」

老船長看了他們一眼說：「誰看見過根深體重的樹被暴風刮倒過嗎？」

船員和水手們想了想，都搖搖頭。

老船長說：「被颶風刮倒的往往是那些根淺體輕的樹。就像人，背負重物的常常不會跌倒，跌倒的，常常是那些身無一物兩手空空的人。因為他沒有負重，所以也就沒有站穩的強大力量。」

船員們半信半疑的打開了所有卸空的貨倉，立刻拼命的往貨倉裡灌水。隨著貨倉裡的水越來越滿，暴風雨雖然依舊瘋狂；排天的巨浪雖然依舊那麼猛烈，但貨輪卻漸漸平穩了，像在海中紮下了堅實而沉穩的根。

如何順利掙脫束縛，改變現狀，就要靠自己一一排除艱難，踏實的朝著所期望的方向努力，而不是抱怨命運的不公，消極怠工，因為那些都是阻礙進步的絆腳石。所以能捆住自己腳步的是自己，也只有自己才能順利解開。

大學剛畢業那年，峰被分配到偏遠的山區小鎮當教師，薪資低得可憐，其實他有著不少優勢——數學基本功不錯，還擅長寫作。於是，峰一邊抱怨命運不公，一邊羨慕那些擁有一份體面工作和優厚的薪水的同窗。這樣一來，他不僅對工作沒了熱情，連寫作也沒了興趣，整天只想著如何「跳槽」，幻想將來能有機會調到更好的工作環境。

就這樣兩年的時間匆匆過去了，峰的工作做得一塌糊塗，寫作也沒有收穫。這期間，他試著聯繫了幾個自己喜歡的單位，但沒有一個接納他。然而，後來發生了一件微不足道的小事，改變了峰的命運。

那天學校舉辦運動會，這在文化活動極其貧乏的小鎮無疑是件大事，因而前來觀看的人特別多。小小的操場四周很快圍出一道密不透風的環形人牆。峰來晚了，站在人牆後面，墊起腳也看不到裡面熱鬧的情景。這時，身旁一位很矮的小男孩吸引了峰的視線，只見他一趟趟的從不遠處搬來磚頭，在那厚厚的人牆後面，耐心的壘著檯子，一層又一層，足足有半米高。峰不知道他花了多長的時間，但他登上那個自己壘起的檯子時燦然一笑，那是成功的喜悅。　那間，峰的心被震了一下——多麼簡單的事情啊：要想越過密不透風的人牆看到精彩的比賽，只要在腳下多墊些磚頭。

從此以後，峰滿懷激情的投入到工作之中，踏踏實實、一步一腳印，很快便成了遠近聞名的教學能手。他所編輯的各類教材接連出版，各種令人羨慕的榮譽紛紛落到他的頭上。業餘時間，峰不輟筆耕，各類文學作品頻繁的見諸報刊，成了多家報刊的特約撰稿人。

人，最大的敵人是自己，生活如此，工作也是如此。在逆境中，能獨闢蹊徑的人就成功了，而自我迷失的人自然難以成功。雖然影響自己前進的社會因素、人為因素很多，但主要還是取決於自身的主觀因素，當一個人覺得沒有什麼困難可以難倒他時，便真的什麼困難都能克服了。

不要被任何人捆住了你的手腳，包括自己，如果感覺生活停滯不前了，那麼問問自己究竟是誰捆住你的手腳，阻擋了你前進的步伐，而讓你如此悲觀落魄！

02 很多問題是你自己造成的

The Success Principle

兩支火把奉火神之命去考察世界，一支火把沒有點燃，另一支火把熊熊燃燒，發出耀眼的光。時過不久，兩支火把均完成使命，成功而返。

那支沒點燃的火把說，整個世界都處在沉重的黑暗中，看不到一點兒光明，糟糕透了，甚至已到了極致！另一支火把卻歡欣的說，不論我走到哪兒總是能看到一點兒光明，這個世界很有希望！

火神聽完報告，對第一支火把說：「我想你該好好問問自己，有多少黑暗是自己造成的！」

一位搏擊高手參加比賽，自負的認為自己一定可以奪冠。

當打到中途時，搏擊高手警覺到，自己竟然始終找不到對手的破綻，而對方的攻擊卻讓自己越來越招架不住。比賽結果可想而知，搏擊高手失去了冠軍獎盃。

他忿忿不平的回去找師傅，央求師傅幫他找出對手的破綻，讓他能在下次比賽時打倒對手。師傅笑而不語，只在地上畫了一條線，要他在不擦掉這條線的情況下，設法讓線變短。

他百思不得其解，最後還是請教了師傅。

師傅笑著在原先那條線的旁邊，又畫了一條更長的線。兩者相比之下，原來那條線，看起來立刻短了很多。

這時師傅說：「奪得冠軍的關鍵，不在於如何攻擊對方的弱點，正如不能擦短地上的線。只要你自己變得更強，對方也就在無形中變弱了。如何使自己變強，才是你要思考的。」

奪得冠軍的真諦，不在如何攻擊對方，而在於如何使自己變得更強。失敗往往都是自己造成的，只有不斷追求自我成長，不斷進步，才會取得成功。

我們很難改變別人，只能透過改變自己來影響別人；我們更不要抱怨別人，只有透過讓自己變得更傑出來征服別人。這是一種思維方式的問題，改變別人是很困難的，即使改變了別人，你也不會有什麼進步；能夠改變自己，從自己身上找問題，才能使自己得到進步。

心瑜剛到一家網路公司當企劃的時候，老闆很欣賞她的資歷，一開始就要她當網站的小主管。雖然她自知自己程度不錯，工作經驗也夠，但過去畢竟沒有任職網路公司的經驗，所以心瑜婉拒了老闆的好意，願意從企劃作起。

明莉是公司的開國元老，和心瑜同年，但能力不夠，工作態度也不好，已經工作好幾年了，始終升不上去。因為心瑜一進公司的工作表現大大超過明莉，本來該成為心瑜部屬的明莉，就暗地排擠她！

其實，老闆知道心瑜的加入，會引發明莉的反感，但念在明莉是公司的第一批員工，不想「處理」她！於是老闆私底下找心瑜，要她多多包涵明莉。心瑜吃了很多暗虧，但因為老闆的交待，一直隱忍不發！這樣的態度卻讓明莉食髓知味，認為心瑜是個好欺負的人，更加肆無忌憚。

某日當設計部經理質疑明莉的企劃出了大問題時，明莉竟然撒了個大謊，說：「這是心瑜的主意，我只是照她的意思做罷了。」

心瑜聽到後再也忍不住了！當明莉回到座位後，心瑜當著同事的面，將檔案夾往明莉桌上摔去，並且很大聲的說：「你說謊！什麼我的主意！你敢再說一次試試看！」

明莉沒想到一向乖乖被欺負的心瑜，竟站在背後聽到她的話，還發了這麼大的脾氣！同事一看苗頭不對，趕緊報告老闆。

老闆不怪心瑜發了脾氣，卻怪心瑜沒有多多包涵明莉。類似的衝突愈演愈烈，心瑜再也無法忍耐明莉，但是老闆需要調解衝突的次數一多，也愈來愈不耐煩。雖然他欣賞心瑜的工作能力，但卻覺得她幼稚、脾氣差。

像心瑜本來只想回避衝突，但對方反而「柿子挑軟的吃」，終於引起嚴重的衝突，且有一就有二，最後不會處理衝突的心瑜就被犧牲掉！她本來沒什麼錯，有問題的人也不是她，但是她最後遭不明就裡的同事排擠，以為她愛吵架，老闆也覺得她很煩，不再重用她。但若心瑜多一點智慧化解衝突，她就可以保住老闆的欣賞，並換來肯定。

其實很多夫妻、朋友間的爭吵，歸根究柢，自己也有很大的問題。人最應該反省的是自己，最應該改變的也是自己。你只有嚴格的要求自己，不斷從自己身上找問題，才能讓自己變得更好、更優秀、更傑出，生活也能因此而變得更美好。

03 走出牢籠，自我設限最可怕

The Success Principle

人最難瞭解的就是自己，特別是在社會上經歷了各種挫折打擊後，就更難正確的評估自己。總會憑空設立了一個高度，然後對自己說，這就是你的極限了，你能做的就只有這麼多！於是再也不敢拼搏，再也不思進取，每次都低著頭、弓著腰。

其實只要你抬頭挺胸的大步前行，就會發現那個所謂的高度並不存在，而你能做的事要比你想像中更多！走出自我設限的牢籠，會發現自己的潛能其實是巨大的。

不要再把「我不行」、「我不是這塊料」之類的話當做口頭禪，這只會使你意志消沉。很多事並不是你做不到，而是你不敢做，別再處處自我設限，否則你的人生只會是一團糟。

一八五八年，瑞典的一個富豪人家生下了一個女兒。然而不久，孩子患了一種無法解釋的癱瘓症，喪失了走路的能力。

一次，女孩和家人一起乘船旅行。船長的太太告訴孩子船長有一隻天堂鳥。孩子被這描述中的鳥迷住了，極想親自看一看。於是保姆把孩子留在甲板上，自己去找船長。孩子耐不住性子等待，她要求船上的服務生立即帶她去看天堂鳥。

那服務生並不知道女孩的腿不能走路，而只顧帶著她一道去看那隻美麗的小鳥。

奇蹟發生了，孩子因為過度的渴望，竟忘我地拉住服務生的手，慢慢的走了起來。從此，孩子的病便痊癒了。女孩子長大後，又忘我的投入到文學創作中，終於成為第一位榮獲諾貝爾文學獎的女性，也就是茜爾瑪・拉格蘿芙。

忘我是走向成功的一條捷徑，只有在這種環境中，人才會超越自身的束縛，釋放出最大的能量，茜爾瑪・拉格蘿芙就是因為走出了自己的牢籠，才獲得了成功。

其實每個人都不難做到的，重要的是心態如何。

記住，不管遇到了什麼樣的事情，一定要學會走出自己的牢籠，因為自我設限是很可怕的，它會使你走向失敗，不是因為有些事難以做到，才失去了信心；而是失去了信心，才顯得難以做到。

小李和小丁大學畢業後一起來到廣州闖天下，小李很快做成了一筆大生意，升為部門經理；小丁業績很差，還是一個業務員，並在小李的手下工作。小丁心裡很不平衡，就去向一位學者請教。

學者說：「你過三年再看。」

三年後，小丁找到學者沮喪的說：「小李現在升上總經理了。」

學者說：「你再過三年看看。」

三年又過，他又去見學者，氣急敗壞的說：「小李已經自己當老闆了。」

學者說：「我自己也從普通老師升為教授了，你這樣是無法勝過他的。」

一年後，小丁又來了，幸災樂禍的說：「教授你錯了，小李的公司破產，他去坐牢了。」

學者無語。

十年後，小李在服刑期間寫了一本感懷人生的書，書出版後引起很大的轟動，小李因此被減刑。提前出獄後，小李成了很紅的名人，還在電視上與學者一起探討人生感悟。小丁在出租屋裡看著電視，手裡翻著小李的書，內心極度痛苦。

他給學者發簡訊：自己相信命運了，小李連坐牢都能坐出好風光來。

學者回簡訊給他：你還沒找到自己。你的痛苦是一生為他而活，你失去的不是職位、金錢、面子，而是你自己。自我設限會使你一事無成，永遠只活在別人的陰影下，走出牢籠才是最明智的選擇，因為它會給你帶來無限的美好與成功。

他人是自己的一面鏡子，可以透過別人瞭解自己。但太過於關注別人對自己的評價，往往是缺乏自信心的表現。

自信就是相信自己，相信自己也能獲得成功，人如果不相信自己，別人就更不可能相信你了。

❦ 過度在意別人評價的人，是不能認清自己的人，所以只能給自己製造麻煩和悲劇。相反，只有那些相信自己是最好的、最棒的人，才能激發潛能，挖掘優勢，排除他人干擾，最終獲得成功。

04 The Success Principle

別退縮，你有自我提升的責任

不管是在生活中還是在職場裡，都需要擁有一個信念，那就是不管你遇到多麼大的困難，都不要讓自己退縮，因為要相信你有自我提升的責任。不放棄，不退縮，你就將成為最勇敢的人。

一九四二年三月，在百老匯的社會圖書館裡，著名作家愛默生的演講激勵了年輕的惠特曼：「誰說我們美國沒有自己的詩篇呢？我們的詩人文豪就在這兒呢！」

這位身材高大的當代大文豪的一席慷慨激昂、振奮人心的講話使台下的惠特曼激動不已，熱血在心中沸騰，他渾身升騰起一股力量和無比堅定的的信念，他要滲入各個領域、各個階層、各種生活方式；他要傾聽大地、人民、民族的心聲，去創作不同凡響的新詩篇。

一八五四年，惠特曼的《草葉集》問世了。這本詩集熱情奔放，突破了傳統格律的束縛，用新的形式表達了民主思想和對種族、民族和社會壓迫的強烈抗議。它對美國和歐洲詩歌的發展起了巨大的影響。

《草葉集》的出版使遠在康科特的愛默生激動不已。國人期待已久的美國詩人在眼前誕生了。他給予這些詩極高的評價，稱這些詩是「屬於美國的詩」、「是奇妙的」、「有著無法形容的魔力」、「有可怕的眼睛和水牛的精神」。

但是惠特曼那創新的寫法，不押韻的格式，新穎的思想內容，並非那麼容易被大眾所接受，他的《草葉集》並未因愛默生的讚揚而暢銷。然而，惠特曼卻從中增添了信心和勇氣。

一八五五年底，他印起了第二版，在這版中他又加進了二十首新詩。

一八六〇年，當惠特曼決定印第三版《草葉集》，並將補進一些新作詩時，愛默生竭力勸阻惠特曼取消其中幾首刻畫「性」的詩歌，否則第三版將不會暢銷。

「在我靈魂深處，我的意念是不服從任何的束縛，而是走自己的路。《草葉集》是不會被刪改的，任由它自己繁榮和枯萎吧！」惠特曼對愛默生表示：「世上最髒的書就是被刪減過的書，刪減意味著道歉、投降……」

第三版《草葉集》出版並獲得了空前的成功。不久，它便跨越了國界，傳到英格蘭，傳到世界許多地方。

只有遇到困難不退縮，充滿信心的進行努力，你就能克服一切障礙，適應任何環境，並且擁有自我提升的價值。

有一天，上帝宣旨說，如果哪個泥人能夠走過他指定的河流，他就會賜給這個泥人一顆永不消逝的金子般的心。這道旨意下達之後，泥人們都沒有回應。不知道過了多久，終於有一個小泥人站了出來，說他想過河。

「泥人怎麼可能過河呢？你別做夢了。」

「你知道肉體一點兒一點兒失去時的感覺嗎？」

「你將會成為魚蝦的美味，連一根頭髮都不會留下……」

然而，這個小泥人決意要過河。它不想一輩子只做這麼個小泥人，它想擁有自己的天堂，但是它也知道，要到天堂，得先過地獄。

而它的地獄，就是它將要經歷的河流。

小泥人來到了河邊。猶豫片刻，它的雙腳踏進水中。撕心裂肺的痛楚頓時覆蓋了它。它感到自己的腳在飛快的溶化著，每一分每一秒都在遠離自己的身體。

「快回去吧，不然你會毀滅的！」河水咆哮著說。

小泥人沒有回答，只是沉默著往前挪動，一步，一步。這一刻，它忽然明白，它的選擇使它連後悔的資格都不具備了。如果倒退上岸，它就是一個殘缺的泥人；在水中遲疑，只能加快自己的毀滅。而上帝給它的承諾，則比死亡還要遙遠。

小泥人孤獨而倔強的走著。這條河真寬啊，彷彿耗盡一生也走不到盡頭，小泥人向對岸望去，看見了美麗的鮮花、碧綠的草地和快樂飛翔著的小鳥。也許那就是天堂的生活。可是它付出一切也幾乎不能抵達。上帝沒有賜給它出生在天堂當花草的機會，也沒有賜給它一雙當小鳥的翅膀。但是，這能夠埋怨上帝嗎？上帝是允許它去做泥人的，是它自己放棄了安穩的生活。

小泥人以一種幾乎不可能的方式向前挪動著，一公分、一公分、又一公分……不知道過了多久——直就到了小泥人絕望時，它突然發現，自己居然已經上岸了。

它如釋重負，欣喜若狂，正想往草坪上走，又怕自己身上的泥土玷污了天堂的潔淨，它低下頭，開始打量自己，卻難以置信的發現，它已經什麼都沒有了——除了一顆金燦燦的心，而它的眼睛正長在它的心上。

其實，每一個人都會擁有這樣的一顆心，只要有毅力、不退縮，那麼就一定可以做到，相信自己擁有自我提升的價值。

05 什麼都沒做錯或許是最大的錯

The Success Principle

我們小時候經常接受這種教育：「要乖乖的聽話，千萬不要犯錯。」又或者：「一旦失敗，不但將遭受重罰，而且從此別人對你再無好印象。」等等。

今天回想起來，這種思考模式除了有助於「乖寶寶」的培養，同時也讓我們不切實際的渴望成為「古之完人」。

及長，參與了工作，又開始輪到單位來對我們施行教化職責：「誰若犯錯，這裡有十八般武器伺候著。」「十八般武器」者，廠紀廠規上寫得明白，乃警告、嚴重警告、記過、記大過、降級、撤職、留用察看、開除等處罰形式也。

於是，從骨子裡，我們就拒絕犯錯。

孔老夫子說：「人非聖賢，孰能無過？」是的，人一定會犯錯的，人的本能使自己在犯錯以後感到很難受，這是我們祖先在長期的進化過程中積累的優秀基因，但這也會成為一個分支點：若不是犯了錯後，以之改進，避免今後犯同樣的錯；就是乾脆逃避，今後乾脆不做這樣的事情。於是，前者成為推動人類社會進步的原動力之一，而後者衍生出「多做多錯，少做少錯，不做不錯」這樣的消極觀念。

心理學研究表明，人類行為自身存在著趨吉避凶、自我保護的機制。當問題出現時，人們不是勇於擔當、積極解決，而是避開問題、推卸責任，事不關己、高高掛起，可是「採取行動也許有些風險，但什麼都不做才是最大的風險」！

法國一家汽車製造公司的老闆，在對眾多應聘者進行面試時，只問了同一個問題：以往的工作中你犯過多少次錯誤？在獲悉大多數應聘者都是一貫正確時，他卻把這項工作交給了一個犯過多次錯誤的「倒楣鬼」，理由是──「我不要二十年沒有犯過錯的人。我需要的人才，是他犯過無數次錯，但每次都能及時吸取教訓、立即改正」。

並非企業家同行們腦子「有問題」，而是因為，在他們看來：只有無所事事才不會犯錯，反過來說，也只有勤勉做事才有可能犯錯，重要的是知錯而能改、及時總結經驗。我倒是覺得，這些觀點和「人非聖賢，孰能無過」的中國古訓一樣正確。

你想，如果身處在一家容不得員工犯錯或失敗的企業，那麼大家乾脆齊心合力只管做循規蹈矩、唯唯諾諾的「機器人」好了，誰還肯冒著風險去開拓創新、積極進取？

「害怕犯錯本身就是最大的錯誤。」

害怕犯錯實際上就是把自己置身於一個安全的環境裡，不願冒險。「做多錯多，能夠不做最好不做，或者儘量少做。」、「不求有功，但求無過。」、「多一事不如少一事。」、「能多找一個人簽字確認就多找一個人簽字確認。」諸如此類的對話就是錯誤的具體表現。甚至，這些對話漸漸演變為一些人的處世態度。這樣的結果是不思進取，心態保守，不敢去嘗試新事物。

正確的處事經驗，是在錯誤中積累的。多做固然會多多發生錯誤，但是也同時提供多多正確積累的回報。如果抱著多做多錯的觀念，將會永遠失去這些積累的時機。

美國企業也很注重職員在過去工作中犯錯的經歷，不但優先錄用那些曾經有過犯錯經歷的新人，而且經常鼓勵職員在工作中犯錯。

一些歷史悠久的公司，如荷蘭飛利浦、德國西門子，他們在員工中極力提倡敢於失敗的創業精神，對員工充分授權。還有一些企業，提出了更為決絕的用人原則：如果經營管理人員在一年內不犯「合理的錯誤」，將要捲舖蓋走人。

一個人要成長，首先要有犯錯的機會，將那些低級的、普遍性的錯誤都儘早的犯過，結果就像接種天花疫苗一樣，越早越好。

多做，可能會多錯，但是不會犯大錯，這就像分力原理，分開了大錯誤的風險。另外，因為多做而不斷提供的歷練機會使人有眼光避免撞上大礁石。

雖然人可以不做不錯，但是一旦有錯誤產生往往會是大錯誤，而懷著「不做不錯」觀念的人大多不具備處理失誤的應變能力，一旦真正遇上棘手的事情，可能犯下的錯誤就無法估量了。

06 The Success Principle

讓「我一定行」代替「我不行」

在困難面前永不低頭，不知道你們是否也有這樣的概念。你們是不是在遇到困難的時候，首先想到的是對自己說「我不行」，而因此就選擇了放棄？其實很多時候或許很多人有這樣的選擇，但是一遇到困難就選擇放棄的人，最後也未必會有強大的意志力，只有堅持到底的人才是最棒的、最偉大的。在遇到困難的時候對自己說一句「我一定行」，並且讓「我一定行」代替「我不行」，那麼你才會真正獲得成功。

一位原籍上海的中國留學生剛到澳大利亞的時候，為了尋找一份能夠糊口的工作，他騎著一輛舊自行車沿著環澳公路走了數日，替人放羊、割草、收莊稼、洗碗……

一天，在唐人街一家餐館打工的他，看見報紙上刊出了澳洲電訊公司的招聘啟事。留學生擔心自己英語不地道，專業不對口，就選擇了線路監控員的職位去應聘。在過五關斬六將後，眼看他就要得到那年薪三萬五的職位了，想不到招聘主管卻出人意料的問他：「你有車嗎？你會開車嗎？我們這份工作時常外出，沒有車寸步難行。」

澳大利亞公民普遍擁有私家車，無車者寥若星辰，但這位留學生初來乍到還屬無車族。

為了爭取這個極具誘惑力的工作，他不假思索的回答：「有！」

「四天後，開你的車來上班。」主管說。

四天之內要買車、學車談何容易，但為了生存，留學生豁出去了。他在華人朋友那裡借了五百澳元，從舊車市場買了一輛外表醜陋的「金龜車」。第一天他跟華人朋友學簡單的駕駛技術，第二天在朋友屋後的那塊大草坪上模擬練習，第三天歪歪斜斜的開著車上了公路，第四天他居然開車去公司報了到。時至今日，他已是澳洲電訊的業務主管。

這位留學生專業水準如何，我們都不知道，但他的膽識確實是值得佩服的。如果他當初畏首畏尾的不敢向自己挑戰，絕不會有今天的輝煌。那一刻他毅然決然的斬斷了自己的退路，讓自己置身於命運的懸崖絕壁之上。

這個事例告訴人們，當我們遇到困難時該怎麼做，如果你一直跟自己說著「我不行」，那麼相信你也沒有毅力繼續去朝著困難挑戰。不要給自己灌輸錯誤的思想，要相信自己有毅力面困境。

二十世紀三〇年代，在英國一個小城裡，有一個名叫瑪格麗特的小女孩。

瑪格麗特從小就受到嚴格的家庭教育，父親經常向她灌輸這樣的觀點：無論做什麼事情都要力爭一流，永遠走在別人前面，而不落後於人，即使在坐公共汽車時，你也要永遠坐在前排。父親從來不允許她說「我不行」或者「太困難」之類的話。

對年幼的孩子來說，父親的要求可能太高了，但他的教育在以後的歲月裡證明了是非常寶貴的。正因為從小就受到父親的「殘酷」教育，才培養了瑪格麗特積極向上的決心與信心。無論是學習、生活或工作，她時時牢記父親的教導，總是抱著一往無前的精神和必勝的信念，克服一切困難，做好每一件事情。

瑪格麗特上大學時，考試科目中的拉丁文課程要求五年學完，但她憑著自己頑強的毅力，在一年內全部完成了。其實，瑪格麗特不光是學業出類拔萃，在體育、音樂、演講及其他活動方面也都是名列前茅。

當年她所在學校的校長評價她說：「瑪格麗特無疑是建校以來最優秀的學生之一，她總是雄心萬丈，每件事情都做得很出色。」

正因為如此，四十多年以後，應該乃至整個歐洲政壇上才出現了一顆耀眼的明星，她就是連續四次當選為英國保守黨領袖，並於一九七九年成為英國第一位女首相，雄踞政壇長達十一年之久，被世界媒體譽為「鐵娘子」的瑪格麗特・柴契爾夫人。她之所以會獲得成功，就是因為不管她遇到了任何事情從來都不說「我不行」。

在生活中也是一樣的道理，永遠都不要承認自己是一個失敗者，在遇到困難的時候要勇敢的去面對，而不是一味的選擇逃避，世界上沒有任何事情是你真正做不到的。只要有信念，肯去努力，相信你們一定可以克服自己所面對的困難。

❦ 不管在什麼時候永遠都不要對自己說「我不行」，而應該讓「我一定行」代替「我不行」，這樣的你才能獲得真正的成功。

07 被套牢，別總在習慣中打轉

The Success Principle

恩格斯說：「人類地球上最美的花朵是思維著的精神。」

我們生活在地球上，每件事物時時刻刻都在運轉著、變化著，沒有絕對靜止的東西，也沒有一成不變的東西。如果要想準確認知這個世界，要學會突破舊的觀念和想法，用創新發展的眼光看問題，用與時俱進的理念來處理問題，只有這樣，才能抓住問題的關鍵點並會達到意想不到的效果。

在人生中，你們是否總是在習慣於自己周邊的事物，而不懂得自己開拓視野呢？

從前有一戶人家的菜園裡擺著一塊大石頭，大約寬有四十公分，高十公分。到菜園來的人，一不小心就會踢到那塊大石頭，不是跌倒就是擦傷。

兒子問：「爸爸，那塊討厭的石頭，為什麼不把它挖走？」

爸爸這麼回答：「那塊石頭從你爺爺的時代，就一直放到現在了，它的體積那麼大，不知道要挖到什麼時候。沒事無聊挖石頭，不如走路小心點，還可以訓練你的反應能力。」

過了幾年，兒子娶了媳婦。

有一天媳婦氣憤的說：「菜園那塊大石頭，越看越不順眼，改天請人搬走好了。」

兒子回答說：「算了吧！那塊大石頭很重的，可以搬走的話在我小時候就搬走了，哪會讓它留到現在啊？」

媳婦心裡非常不是滋味，那塊大石頭不知道讓她跌倒過多少次了。十幾分鐘以後，媳婦用鋤頭把大石頭四周的泥土撬鬆。媳婦早有心理準備，以為要挖一天，誰都沒想到才幾分鐘就把石頭挖起來，看看大小，石頭沒有想像中那麼大，都是被那個巨大的外表矇騙了。

這個故事告訴我們不要總是被事物的外表給矇騙了，有些東西並不如表面看到的那樣，要懂得挖掘事物的本身，也別總是在習慣中打轉，那將不利於你自身的發展，要懂得走出自己的習慣，去發現新的事物。

人們在長期的工作、學習和生活中，對經常發生的事，在思考過程中，往往會產生思維慣性，形成固定的思維模式，即思維定勢。思維定勢對常規思維是有利的，它可使思考者在處理同類問題時少走冤枉路。然而，思維定勢也有它的弊端，特別是處理一些新情況的時候，思維定勢就會變成「思維枷鎖」，阻礙人們用新觀念、新方法、新思路去解決問題，使人失去創新和發展的動力。

一天早晨，電報收發員卡納奇來到辦公室的時候，得知一輛被撞毀的車子阻擋了道路，鐵路運輸陷入癱瘓。更要命的是，鐵路分段長司各脫不在。按照條例，只有鐵路分段長才有權發調車令，別人這樣做會受到處分，甚至被革職。眼看車輛越來越多，喇叭聲、行人的咒　聲此起彼伏，有人甚至因此動起手來。

「不能再等下去了。」卡納奇想，他毅然發出了調車電報，上面簽著司各脫的名字。

司各脫終於回來了，此時阻塞的鐵路已暢通無阻，一切順利如常。不久，司各脫任命卡納奇為自己的私人祕書。他升職後，又推薦卡納奇做了這一段鐵路的分段長。發調車令屬於司各脫的職權範圍，其他人沒人敢突破這個「圍」，卡納奇做了，結果他成功了。

仔細想來，每個人其實都有著這樣那樣的「圍」：主觀上的、認識上的偏見，個性上的不足，客觀上的陳規陋習等，都制約著我們實現生命價值的最大化。如果想在一生中有所作為，我們就必須學會不停的突圍，不被現實的情況套牢，也別總在自己的習慣中打轉，否則你永遠也不會成為一個智者，永遠也抵達不了本來可以抵達的人生的大境界。

準確認知世界需要我們突破思維定勢，然而妨礙人們創新的最大障礙，並不是未知的東西，而是已知的東西。

❦

要想挖掘無窮的創新能力，就要丟掉慣性思維，不為定勢所累，不斷開闊視野。事實證明，人們只有用創新思維去思考問題，才能真正發現問題和解決問題，並推動事物向更好的方向發展。

08 拒絕從眾，與眾不同更有價值

The Success Principle

「從眾」是一種比較普遍的社會心理和行為現象，通俗的解釋就是人云亦云、隨波逐流；大家都這麼認為，我也就這麼認為；大家都這麼做，我也就跟著這麼做。

人在一生中總會有很多的是非曲直，會遇到很多的問題，但是最主要的還是自己的心態，是拒絕從眾，還是放棄自己的信念，隨波逐流？不管是屬於哪種類型的，如果心裡有著自己的信念，一定要敢於說出自己的想法，拒絕從眾，與眾不同更有價值。

瑪格麗特六歲那年，一個星期天的上午，一家人從教堂做完禮拜回來，她在路上一邊走，一邊回想著牧師佈道的內容。

正想得入迷，突然被一串銀鈴般的笑聲打斷了，原來是一群在街角玩耍的孩子。

他們與瑪格麗特年齡相仿，有男孩也有女孩，一群孩子像小鹿一樣奔跑著，互相追逐，還不時的傳來出開心的笑聲。她不由得放慢了腳步，轉過頭去，目不轉睛的盯著那些孩子，直到他們走遠……

回到家裡，瑪格麗特的心總是無法平靜。她內心深處孩子的天性被突然間被喚醒了，使她一心嚮往玩樂。她的生活和年齡十分不相稱，這雖然使她養成了勤勞儉樸的性格，長了不少見識，卻也使她的童年歡樂過早的失去了。

今天，她才發現，其他同齡的孩子簡直是與她生活在兩個世界裡。她是那樣的無聊！

一想到自己錯過了那麼多的歡樂，那麼多的遊戲，瑪格麗特不由得委屈起來。

她忍不住問父親：「爸爸，為什麼我不能像別人家的孩子一樣，經常出去玩呢？」

父親非常溫和的說：「孩子，妳做事情必須要有自己的主見。不能因為妳的朋友在做某種事情，妳也去做或者想去做。不要因為怕與眾不同而隨波逐流，要決定自己該怎麼做。如果有必要，就去領導群眾，但不要隨波逐流。」

聰明的瑪格麗特聽了父親的話，頓時恍然大悟。她的童心被渴望成功的心理代替了，委屈也立刻煙消雲散了。

她深深的明白，父親之所以用特殊的方法教育她，是為了讓她將來有所作為。從此以後，她把父親的話當做「終生奉行的準則」，直到她成為英國歷史上第一位女首相。

康得曾經說過：「天才是自創法則的人。」

如果一個人隨波逐流，也許能和眾人打成一片，但永遠無法取得與眾不同的成功；相反，只有突破常規，自立法則，才有可能讓自己出類拔萃，引領潮流。

生活中，我們要揚「從眾」的積極面，避「從眾」的消極面，努力培養和提高自己獨立思考和明辨是非的能力；遇事和看待問題，既要慎重考慮多數人的意見和做法，也要有自己的思考和分析，進而使判斷能夠正確，並以此來決定自己的行動。凡事「從眾」或「反從眾」都是要不得的。

早晨，一隻山羊在柵欄外徘徊，想吃柵欄裡面的白菜，可是牠進不去，這時，太陽東升，斜照大地，在不經意中，山羊看見了自己的影子，牠的影子拖得很長很長。

於是牠想：自己如此高大，一定能吃到樹上的果子，吃不吃這白菜又有什麼關係呢？

遠處，有一大片果園，園子裡的樹上結滿了五顏六色的果子，牠朝著那片果園奔去，到達果園時，已是正午，太陽當頂。這時，山羊的影子變成了很小的一團。

牠又想：唉，原來自己是那麼的矮小，是吃不到樹上的果子的，還是回去吃白菜好！

牠怏然不悅的往回跑。跑到柵欄外時，太陽已經偏西，牠的影子又變得很長很長。

牠又想：自己為何非要回來不可呢？

山羊很懊惱，憑自己這麼大的個子，吃樹上的果子是一點問題也沒有的！

這是一種「從眾」心理，就像故事中那隻山羊一樣，由於對自己認識不清，完全被外界評價所左右。這是一種比較普遍的社會心理和社會行為現象。

而對於每一個人來說，不管是大學生，還是上班族都應該克服「從眾」心理，即拒絕從眾，在決定從事什麼職業，去哪家公司時，不要盲目跟隨，更不能以別人的眼光定位自己要找的工作。因為工作要靠自己去做，自己的事要自己把握。

在漫長的生活道路上，不僅要有自己的看法與想法，更要懂得自己去改變現狀，勇敢的提出自己的意見，不能總是活在別人的影子底下，或為了明哲保身，隨波逐流，而淪落為庸俗之輩。

要有自己的觀點與想法，堅持自己的原則，並且去執行它，也要相信，你的與眾不同、拒絕從眾，將會使你變得更有價值。

09 敢於質疑，給權威一封挑戰書

The Success Principle

現在的社會，人們喜歡把在某一方面有較深研究或傑出貢獻的人叫做權威。這種權威的意識一旦在人們的腦中形成之後，人們就開始將他說的話當做神聖不可侵犯的信條，即使他說錯了，人們也不敢用懷疑的眼光審視他。

挑戰權威往往被認作叛逆，維護權威往往被認作忠誠。要擺脫這種歷史的重負，既要突破思想的障礙，還要突破傳統的束縛。很多敢於懷疑、向權威挑戰的人，他們找到了權威們的錯誤，提出了自己的見解，獲得了成功。

布魯諾是義大利文藝復興時期偉大的思想家、自然科學家、哲學家和文學家，是一個誠實正直的學者，為了捍衛自己的學說獻出了寶貴的生命。

一五四八年，布魯諾出生在義大利那不勒斯附近諾拉城一個沒落的小貴族家庭，在十一歲時，父母將他送到了那不勒斯的一所私立人文主義學校就讀，後來，布魯諾進入了多明尼克僧團的修道院，第二年轉為正式僧侶。

十年後，布魯諾獲得了神學博士學位，他閱讀了不少「禁書」，其中對他影響最深的是哥白尼的學說。

他被哥白尼的日心說所吸引，開始對自然科學發生了濃厚的興趣，逐漸對宗教神學產生了懷疑。他寫了一些批判《聖經》的論文，並從日常行為上表現出對基督教聖徒的厭惡。布魯諾的言行觸怒了教廷，被革除教籍。但他依然堅持自己的觀點，毫不動搖。

為了逃避審判，他離開了修道院，逃往羅馬，又輾轉來到威尼斯，後來又越過海拔四千公尺的阿爾卑斯山流亡瑞士。

接著他又到過法國、德國和英國，並且多次被捕。但是，他仍然繼續宣傳自己的宇宙觀，寫下了十來部批判教會的書。

由於布魯諾在歐洲廣泛宣傳他的新宇宙觀，進一步引起了羅馬宗教裁判所的恐懼。

一五九二年，羅馬教徒把他誘騙回國，並逮捕了他。

教會許諾：「只要你公開宣佈放棄日心說，就免你一死，並且給你足夠的生活費安度晚年。」

布魯諾說：「你們不要白費力氣了，我是不會為了討好羅馬教皇而說謊的。」

監禁八年後，布魯諾被處以火刑，地點是羅馬的鮮花廣場。

一六〇〇年二月十七日淩晨，通往鮮花廣場的街道上站滿了群眾。

布魯諾被綁在廣場中央的火刑柱上，他向圍觀的人們莊嚴的宣佈：「黑暗即將過去，黎明即將來臨，真理終將戰勝邪惡！」

劊子手用木塞堵上他的嘴，然後點燃了烈火，布魯諾在熊熊烈火中英勇就義。

在他死後，羅馬教廷害怕人們搶走這位偉大思想家的骨灰來紀念他，匆匆忙忙的把他的骨灰連同泥土收集起來，　灑在台伯河裡。後來，隨著科學的發展，布魯諾的學說被證明是正確的。

一八八九年六月九日，在布魯諾殉難的鮮花廣場上，人們為了紀念這位誠實勇敢的偉大思想家，為他樹立了一尊銅像。

去質疑權威確實很難，很少人會有這樣的勇氣，但是為了真理，你們就必須敢於去質疑，給權威一封挑戰書吧，因為真理永遠都是值得去追求的。

如今所提倡的創新精神，挑戰權威便是它的體現，不挑戰權威，如何創新？只有挑戰權威，才能超越權威。永遠在權威的羽翼下過日子，那就永遠也不可能創新。

挑戰權威，不是對權威不尊敬，而是事業發展的必須。

德國數學家須外卡爾特在研究中，質疑歐幾里得的《幾何原理》中的一條定理：三角形內角和等於一百八十度。兩千多年中，科學家對這一定理的真理性深信不疑，但是須外卡爾特的這一質疑推動了數學的一次突變。德國數學家黎曼從須外卡爾特的思路中得到啟發，使非歐幾何破土而出。黎曼指出，歐幾里得的幾何並不是在所有空間都適用，例如在地球面上，三角形的內角和就大於一百八十度。

我們必須認識到，任何人都有局限性，權威們也不例外。他們的經驗也只是他們在實踐活動中取得的感性認知的初步概括和總結，有時並不能反映出事物發展的本質和規律。因此，我們必須學會向權威挑戰，在質疑中鑒別經驗。

挑戰權威，說起來容易做起來難，必須靠真才實學，下一番苦工夫才行，這不僅需要膽略、自信，還需要功夫和毅力，當你成為挑戰權威的贏家時，你也就成了新的權威。

10 把握關鍵，再尋找解決之道

The Success Principle

不知問題的關鍵所在，任誰也無法找出解決之道。人們常常被假設問題所阻隔，這是最為悲哀的事。問題不在於看得多，而是要看得深，透過現象看到本質，找到關鍵及解決方法，再確定新的方向。

被譽為「創造內衣革命」的婷美董事長周楓，當初在提案婷美保健內衣計劃時，幾乎所有的朋友都反對。專案被原來的董事會否決後，周楓帶著二十二個員工重新創業。

在經過兩年多的研製開發、檢測論證後，婷美內衣準備上市。這是一個全新概念的產品，連周楓的朋友都不看好，消費者會認可嗎？經銷商會認可嗎？如果單靠「嘴」功，是無法說服經銷商的，這時，周楓決定將樣板市場做好，透過示範效應，帶動招商。

樣板市場要在哪兒做？周楓非常看好婷美這個產品，這是一個能給經銷商賺錢的產品，周楓立志要把它做成一個長期事業，於是決定在北京主打造樣板市場。

為了在北京一炮打響，他們做了精心準備。拍攝了以倪虹潔為主角的廣告；雖然是醫療器械類產品，但他們並沒有選擇將產品投放到醫療器械櫃檯，而是選擇了商場內衣櫃檯。產品功能訴求定位在「美體塑身一穿就變」。由於市場推廣策略正確，產品上市幾個月，便呈現搶購的局面。

婷美轟動北京市場的消息，透過各大媒體迅速傳到全國。各地經銷商自己到北京站櫃臺，自己算投入產出比。婷美招商取得了巨大成功，廣東和上海等地的經銷商，光品牌運作保證金就要一百多萬元。

婷美董事長周楓在給企業招商時說：一定要做樣板市場！這也是他經驗的總結。

樣板市場成功後，廠家就會處於招商的主動地位，說話就會有分量，對經銷商就能控制得住。這對企業來說，還有一個好處是能瞭解產品適應市場的情況，為其他市場運作提供實戰經驗，即使失敗了，其成本也很小。

成功常常是非常簡單的，理清問題、方法就不是難事，藉由找出關鍵問題、破除固定模式（成規）和發展解決之道，人人都能成功。

背著二億五千萬元巨債的「中國首負」史玉柱，在一九九七年完成了一生中最重大的轉變。這個轉變進而成了他再度崛起、成就更大事業的「老本」。

「一九九五年二月十日，我下達『三大戰役』的『總動員令』，廣告攻勢是我親自主持的，第一個星期就在全國砸了五千萬廣告費，整個中國都轟動了，在各大城市報紙上的廣告不是整版，是跨版（即兩個整版連在一起），風光無限。」

「可後來一評估，知名度和關注度都有，但廣告效果是零，因為我們根本不知道消費者需要什麼。」在史玉柱看來，這正是他走下坡路的起點。

「自從『三大戰役』失敗後，我就養成一個習慣，誰消費我的產品，我就把要他研究透。一天不研究透，我就痛苦一天。」——正是這種能耐，讓史玉柱奇蹟般的起死回生。他也說他最大的收穫，那就是懂得了問題的關鍵在於研究消費者。

一九九八年，山窮水盡的史玉柱找朋友借了五十萬元，開始運作腦白金。啟動江陰市場之前，史玉柱首先做了一次「江陰調查」。

「你吃過保健品嗎？」

「如果可以改善睡眠，你需要嗎？」

「可以調理腸道、通便，對你有用嗎？」

「可以增強精力呢？」

「價格如何，你願不願意使用它？」

通常，這些老人都會告訴史玉柱：「你說的這種產品我想吃，但我捨不得買。我等著我兒子買吶！」

史玉柱接著問：「那你吃完保健品後都怎麼讓你兒子再購買呢？」

答案是他們往往不好意思直接告訴兒子，而是把空空如也的盒子放在顯眼的地方進行暗示。史玉柱敏感的意識到其中大有名堂，他因勢利導，後來推出了家喻戶曉的廣告「今年過節不收禮，收禮只收腦白金」。

這則廣告無疑已經成了中國廣告史上的一個傳奇，儘管無數次被人詬病為功利和俗氣，但它至今已被整整播放了十年，累積帶來了一百多億元的銷售額，這兩點的任何一個都足以讓它難覓敵手。

史玉柱終於成功了，成功的掌把握了消費者的心理，成了一個神話。挫折和挑戰，都是上蒼賜予人們轉型的歷史性機會。唯有從中探索出更深刻道理的人才不會落於俗套的一蹶不振，甚至絕望。只有不斷總結，不斷思考問題的關鍵，才能做出令人豔羨的創舉。

掌握關鍵，對症下藥，尋求解決之道，才能讓看似艱難的事情成為一種情理之中、意料之外的神話。

11 創意從不按常理出牌開始

The Success Principle

創意不是一般意義上的摹仿、重複、循規蹈矩、似曾相識，大多數人都能想到的絕不是好的創意，實際上根本就談不上創意。好的創意必須是新奇的、驚人的、震撼的、實效的，物以稀為貴，是事物不變的通則。

瑞士一家造紙公司推出了一項新型衛生紙，看上去與普通衛生紙並無兩樣，它的廣告語是「可以擦眼鏡的衛生紙」。這句看似平淡無奇的廣告語，卻包含著商家對消費者細緻入微的關懷。

這家公司在生產這款衛生紙之前，特地讓所有員工暗中觀察各自身邊的人使用衛生紙的情況，這主要是瞭解人們在使用衛生紙過程中的非常規用途。一個月之後，公司將所有的觀察記錄進行匯整，發現許多戴眼鏡的人在日常生活中都有一個習慣，就是把衛生紙當眼鏡布使用。當然，這類人在全國總人口中的比例是很小的，因為在瑞士，戴眼鏡的人不到總人口的三分之一，而調查結果顯示：習慣把衛生紙當眼鏡布使用的人，在戴眼鏡的人群中約占百分之十五。按照這個比例算下來，絕對人口數量顯然是非常龐大的。

他們知道，市面上的普通衛生紙比眼鏡布要粗糙一些，不宜用來擦眼鏡。於是，這家造紙公司決定針對這部分的人，特地生產出可以擦眼鏡的衛生紙。結果這種產品一經上市，立即贏得戴眼鏡者的青睞。一時間，這家公司獨佔這一市場空白，賺得盆滿缽溢。有時，其實只需要將事情做得更細膩一些，更體貼一些，便可以贏得先機。

從看似平凡的日常生活中提取撼動人心的創意，除了有入微的觀察力之外，還要有過人的奇思妙想。如果不是特別的創意，跟隨大眾，就很難把事情做得很好，很成功。這就是要說明一點，要想有好的創意，就必須先從不按常理出牌開始。

二十年前，中國的經濟還很不發達，人們的生活都比較清貧，能夠成為萬元戶就已經很了不起了。但是就在這種大環境下，就有人在中學生時代成為了萬元戶，他就是王振滔。王振滔是溫州人，現在是號稱「中國鞋王」的奧康集團的總裁，被人們稱為「溫州商神」，是人們一致認為的最會做生意的人之一。

王振滔是如何在中學時就成為當時的萬元戶呢？

王振滔中學時就退學了，幫媽媽開了一家打米的小店。收割後的稻穀經過打米這道程序，才能供人們食用。具體的做法是把水倒在穀子裡後，放入一台小型機器進行打皮，經過機器加工，穀子變成了人們可以食用的白米，同時穀皮等從另一個通道出來，可作為餵食家畜的糠。因為米的價格要明顯高於糠的價格，打出的米越多，能夠掙到的錢就越多，因此在打米的過程中，一般人們都希望打出的米盡可能多，糠盡可能少。但是王振滔竟然反其道而行之，他打出的糠的比例要遠遠大於其他人。賠錢的買賣誰也不會想做，但是他正是憑藉這一招，取得了巨大的成功。

只要往深層去思考，就會發現王振滔成功的奧祕。因為購買米的人都希望米的品質好，打米時為了盡可能打出更多的米，可能就會有些細小的糠粒摻雜在裡面，食用的口感就不會特別好。而按照王振滔的方法打出的米，其品質肯定要比其他人打出的米的品質好很多，所以在同樣的價格下，人們更喜歡購買他打出來的米。與此同時，購買糠的人也樂於向王振滔進行購買，因為糠的品質也有所提高。

憑著這種細微的思維創新方法，王振滔幫助自己的店招攬了很多的生意，輕鬆的成為了當時富有的萬元戶，他家的店也成為了當地最熱門的打米店。

另類的行動方式，往往給人一種出其不意的新鮮感。大多數人一開始並不能理解這種行為，更不用說能想到這樣的方法了。

這個事例證明了有時候創意是不按常理出牌開始的，如此一來，也許你獲得成功的機會就會大一些。不妨去試試吧，也許你們得到的又是另一番的情景。

靈活運用腦筋，開發自己的思維，希望或許就在轉角處。

12 從小事中尋找出口

The Success Principle

想做大事的人太多，而願意把小事做好的人太少，環顧周圍，「差不多先生」比比皆是，「好像、幾乎、差不多」等等，成為他們的常用詞。就在使用這些詞彙時，許多決策都留在了紙上，宏大目標成為海市蜃樓。

因此，要想提高個人修養、工作能力，必須樹立嚴謹、細膩的作風，以精益求精的精神，不折不扣的執行好重大戰略決策，把小事做細，把細節做精。

「魔鬼藏在細節裡。」作為興旺綠色能源有限公司生產部部長，馮進仁是一個相當注重細節的人，他總愛用這句話提醒自己和他領導下的技術團隊，時刻留心產品中每一個細節，從細微處入手，尋找技術創新的突破口。

二〇〇三年，興旺綠色能源有限公司成立，馮進仁作為技術骨幹進入公司。「在太陽能熱水器行業，興旺是『後來者』，面對競爭已呈白熱化的市場，企業要想生存發展，必須在技術上有過人之處。」馮進仁重任在肩。

透過詳細的市場調查後，馮進仁發現，隨著太陽能熱水器的普及，水箱漏水問題正成為整個行業的通病，而造成漏水的元兇，正是一個不為人留意的細節——水箱焊縫。由於自來水中含有氯離子，焊縫長期浸泡後極易被腐蝕，再加上水箱長期在室外風吹日曬，據調查，一般太陽能熱水器使用三年後，都會出現不同程度的漏水。

找到癥結所在後，馮進仁大膽革新焊接技術，引進新型焊接設備，改變以前的單面氣體保護焊接方法，使用雙面氣體保護，並不斷嘗試各種保護氣配方。為了能更精確的看到各種保護氣配方所產生的效果，馮進仁都把焊接保護眼罩扔在一旁，直接透過肉眼觀察。試驗結束後，他連回家的路都看不清了。

經過十多次嘗試，焊縫的抗腐蝕性和牢固程度大大提高。

「我們的產品二〇〇五年進入市場，五年來基本上都沒有收到有關漏水的投訴。」馮進仁告訴記者。

細節是成功的關鍵點，做人如此，做產品亦是，他們每次創新都從細節入手，雖然投入的成本不高，但製造出來的熱水器卻總比別人的「多一份心思」、「多一點周到」，如今興旺太陽能熱水器已擁有十一項專利，形成五大產品系列，國際訂單節節攀升。

工作中無小事，所有的成功者與我們一樣，每天都在對一些小事全力以赴，唯一的區別是他們從不認為自己所做的事是簡單的小事。

事實上，對那些事關全域的「小事」，海爾人從來不放過。

張瑞敏說：「企業管理中我信奉這麼一句話：每天只抓好一件事等於抓好了一批事，因為每一件事都不是孤立的，抓好了一件事會連帶著把周圍的一批事都帶動起來。」

一九九七年，《海爾人》記者在剛搬進海爾園一個月的洗衣機公司，發現三樓女洗手間的衛生紙盒被加了一把鎖，他問清潔工為什麼這樣做。

清潔工回答說：「員工素質太低，不加鎖，紙就被人拿走了！」

於是記者發表文章《誰來「砸開」這把「鎖」》，文章分析道：這一鎖暴露了兩方面的問題，一是員工觀念、素質亟待提高。上鎖，這很簡單，但這鎖能提高員工素質嗎？衛生紙可以鎖，其他問題呢？二是因為管理者頭腦中有一把「鎖」，放棄了最艱苦的工作——教育員工、提高員工素質，沒有把教育人當做長期作戰的戰略來佈署。文章希望管理者能從頭腦中「砸開」禁錮自己思路的這把「鎖」！

文章的發表，立刻引起了反響，集團上下展開了一場「千錘重叩砸開這把鎖」的大討論。

有人說：「洗衣機公司的客觀環境得到了改造，主觀世界也必須改造。用鎖是改變不了員工的主觀世界的。鎖，不僅解決不了問題，還會使員工產生逆反心理，結果只能適得其反。」

有人說：「衛生紙盒加鎖鎖住了觀念，鎖住了員工素質再提高的契機。」

洗衣機公司的許多員工對衛生紙上鎖表示了憤慨，他們說員工的素質並不像管理者想像的那樣，到了衛生紙非得上鎖的地步。集團大抓此事，讓所有員工參與討論，反思一下自身的素質狀況：生活中的鎖打開了，頭腦中的「鎖」呢？

以小見大，以小帶大。海爾的這種作法充分說明了小事的作用，說明了工作中無小事。任何小事都不是單獨存在的，都可以和大事聯繫在一起。小事是大事的組成部分，包含著大事的意義。

做好小事是完成大事的基礎和前提，因此對工作中的小事絕不能採取敷衍應付或輕視懈怠的態度。

很多時候，一件看起來微不足道的小事，或者一個毫不起眼的變化，卻能實現工作中的一個出口，甚至改變商場上的勝負。所以，在工作中，對每一個變化，每一件小事，我們都要全力以赴的做好。

13 多與人交流，碰撞出思想火花

不論是做學術研究，還是解決實際中的問題，都需要新思想、新觀點、新方法。但是，這些新思想、新觀點、新方法都不是閉門造車造出來的。那種閉門造車造出來的學術思想和解決實際工作中的問題的所謂新思想、新觀點、新方法，肯定是既沒有生命力也真正解決不了實際工作中的問題。

新思想、新觀點、新方法從哪裡來？從實踐中來，從人們各自的實踐交流中來。新思想、新觀點、新方法的火花都是在交流的碰撞中產生的，不碰撞產生不了火花。

一個叫莊輝的教授在一九五三年，來到了北京醫學院，學習了一年後即被選拔去蘇聯留學。但在去蘇聯前得在北外學習一年俄文。由於當時中國的政局並不穩定，這一年大多數的時間都在進行政治學習，真正的俄文他並沒有學到多少。因此，當他來到蘇聯上第一堂課時，聽懂的只有兩個詞：馬克思主義和列寧主義。當他告訴他的學生們這些時，自己也笑出聲來，那表情彷彿又回到了大學時代。

他慢慢的說：「那時候的中國學生都很單純，雖然剛開始語言有障礙，但是勤奮一直是中國學生的特點，到學期末的時候，中國學生的學習成績總是名列前茅，許多蘇聯老師都非常感動。那時候每天都走路上學，這路程至少半個小時，且風雨無阻。自己買米買菜，動手做飯，很高興，並沒有什麼不適應。」

當有人問他現在的大學生與那時有什麼不同時，他說：「現在的學生思想活躍，接受新事物快，勇敢，有創新精神，善於獨立思考。而過去，規矩很多，思想具有局限性，比較僵化。現在的科研工作，就需要不斷的學習，需要具有豐富知識面的人才。」

對此，莊教授還給年輕學生的治學態度提出幾條建議。首先，要勤於思考，善於思考，自己動手，這樣才可以發現新問題，解決新問題。他告誡說，年輕人不動手是很危險的。其次，要實事求是。科研工作要以事實為依據。

另外，非常重要的一點是交流，包括與人的交流，資訊的交流。

「我剛上大學的時候特別靦腆，開會說個話也要紅臉，哪裡像現在。我發現多參加學術活動，多與人交流可以擴大自己的思路。交流能碰撞出思想的火花。這火花能點燃思維，燒掉蒙在真理上的荒蕪。」

一個蘋果跟一個蘋果交換，只能得到一個蘋果，一種思想跟另一種思想交換，卻能得到兩種思想；知識與知識的交流，能增進知識的增長；智慧與智慧的交流，能使人更加聰明。這就是交流，人與人、心與心的交流，交流能碰撞出思想的火花，使你把不懂的事情搞明白，對你將來的發展也起著很重要的作用，交流將會是你人生路上的必修課。

有一個學校在備課時，老師們共同討論決定了第一個導入環節的內容為教師播放ＶＣＤ。在短片中，女主角用純正優美的普通話介紹了一些自己的好習慣，目的是讓學生進入語境，在心理上做好學習語言的準備，激發學生的學習興趣，並且自然的導入到第二步複習環節。在複習環節中教師透過開放式提問的方式啟動學生有關好習慣的知識經驗，並且為下面的練習做好語言知識的鋪墊。

下面就是親授部分了。這部分內容是讓學生初步感知一般過去時態，可是小學課程又不提倡給學生講授語法內容，這下老師們可一時亂了陣腳。

這時，一位工作不到兩年的老師說：「要不大家就設計個過去的情境？」

這給了老師們很大的啟發，可是有了情境學生還是不知道怎樣用過去式表示。

這時，老師甲說：「大家還可以自己去描述啊！」

老師乙接著又說：「對啊對啊，還可以多給學生設計幾個情境，讓學生自己去感知。」

「也可以設計幾個一般時態讓學生進行比較啊！。」

老師丙說：「是啊，可以讓學生透過教科書的提示，以及根據已有的知識經驗，自己探究如何回答啊！」老師丁說。

在整個備課的過程中，大家你一言，我一語，想著，說著，往往一個人還沒有說完，另一個人就想插嘴進來。大家都躍躍欲試，事後亦感概萬千。只有不斷的思考，人才會發展，才有其存在的意義。

志同道合的思想交流後會出現交融現象，即除了相互擁有對方的思想外還會出現與這思想所衍生的更深層次的思考。相互抵觸的思想交流後，即使雙方都無法接受對方，但為了證明自己思想的先進或正確，都會結合對方的思想衍生出制約或反駁的思想。

但不管衍生的是什麼思想，總括來說可以看出思想的交流都會衍生其他思想。

不管現在的你身處何地，時時刻刻都要與人交流，才會碰撞出思想的火花。

14 在變通中化解變化的問題

The Success Principle

每個人在工作中，都會碰到一些被人視為畏途的困難和障礙，我們應該堅強的面對它們，要盡一切可能尋找各式各樣的解決方法，努力的克服這些困難和障礙。

在法國一個偏僻的小鎮，據傳有一個特別靈驗的水泉，常會出現神蹟，可以醫治各種疾病。有一天，一個拄著拐杖，少了一條腿的退伍軍人，一跛一跛的走過鎮上的馬路。

旁邊的鎮民帶著同情的口吻說：「可憐的傢伙，難道他要向上帝祈求再有一條腿嗎？」

這一句話被退伍軍人聽到了，他轉過身對他們說：「不，我不是要向上帝祈求有一條新的腿，而是要祈求他幫助我，教我沒有一條腿之後，也知道如何生活。」

愛達斯石油公司的總裁總是用這個故事教育他的員工。他認為只有那些在沒有一條腿之後，還積極爭取把路走好的員工才是公司的脊樑，只有他們才是困難的敵人，因為他們總有克服困難的辦法。

有一對新婚夫婦，丈夫協助妻子預備晚餐之時，發覺妻子焗雞的方法很特別。她先將雞頭、雞翅及雞腿切去，再放進焗鍋。

丈夫好奇的問：「為什麼要如此焗雞呢？」

妻子答：「其實我也不太清楚，從小我見媽媽就是這樣做。」

那時候剛巧岳母來電，丈夫乘機問及焗雞特別方法的原因。

岳母說：「其實我也不太清楚，從小我見我媽媽就是這樣做。」

最後，丈夫打電話給鄉間的外祖母，試圖解開這兩代人的疑惑。

外祖母說：「我家的焗鍋太小，不能夠把整隻雞放進去。」

外祖母做事有原因，其他人只是盲目跟隨，不知所以。在生活及工作中，你是追根究柢，還是墨守成規呢？

刻舟求劍，不是變通；緣木求魚，不是變通；墨守成規，不是變通。

我們要知道變通可以獲得成功，一個人懂得變通，就能使難成之事心想事成，讓自己的人生旅途處處順心；一個企業懂得變通，就會在戰勝金融危機後獲得經濟效益；一個民族懂得變通，就會在經歷種種磨難之後獲得迅速發展。

一位商人在談到賣豆子時充滿了一種了不起的激情和智慧。他說：如果豆子賣得好，直接賺錢是最好的了。如果豆子滯銷了，分三種辦法處理：

一是做成豆瓣，賣豆瓣。如果豆瓣賣不好，醃了，賣豆豉；如果豆豉還賣不好，加水發酵，改賣醬油。將豆子做成豆腐，賣豆腐。如果豆腐不小心做硬了，改賣豆腐乾；如果豆腐不小心做稀了，改賣豆花；如果實在太稀了，改賣豆漿；如果豆腐賣不好，放幾天，改賣臭豆腐；如果還是賣不好，就讓它長毛徹底腐爛後，改賣豆腐乳。

二是讓豆子發芽，改賣豆芽。如果豆芽還是滯銷，就再讓它長大點，改賣豆苗；如果豆苗還賣不好，再讓它長大點，乾脆當盆栽賣，命名為「豆蔻年華」，到城市裡的各大中小學門口擺攤和到白領公寓區開產品發表會，記住這次賣的是文化而非食品。

如果還賣不好，建議拿到適當的鬧市區進行一次行為藝術創作，題目是「豆蔻年華的枯萎」，記住以旁觀者身份給各個報社寫個報導，如成功可用豆子的代價迅速成為行為藝術家，並完成另一種意義上的資本回收，同時還可以拿點報導稿費。

再來如果行為藝術沒人看，報導稿費也拿不到，趕緊找塊地，把豆苗種下去，灌溉施肥，除草種牧，三個月後，收成豆子，再拿去賣。如上所述，循環一次。經過若干次循環，即使我沒賺到錢，豆子的囤積相信也不成問題，那時候，我想賣豆子就賣豆子，想做豆腐就做豆腐！

事物是可以變化的，變化是物質世界的永恆，只有懂得在不斷變通的事物中尋找化解的方法，才能避免危機，激流勇進。

❦ 美國總統羅斯福說：「克服困難的辦法就是找辦法，而且只要去找，就一定有辦法。」懂得找辦法，懂得化解，一腳就已經邁進了成功的大門。

15 The Success Principle

聰明工作，不是耍小聰明

在工作中只要你認真的工作，做好自己的事情，相信你的成果就會有所回報。但是假若你只是一個知道在工作中耍小聰明的人，那麼你就是一個不明智的人。在企業中最重要的就是肅立好自己的形象，你應該是聰明的工作而不是耍小聰明。

工作的地方也不是一個能夠讓你耍小聰明的地方，往往你覺得你耍的小聰明不會被發現的時候，其實你已經被掌控其中，所以不要覺得你那所謂的小聰明很好。其實在工作中你如果耍了小聰明，反而會害了你，這種結果是誰都不願意見到的。所以在工作當中，你們要聰明的工作，但是切記不是耍小聰明。

正當他窮途末路的時候，無意中在報上看到某公司招聘財務科長的啟事。該公司是一家民營企業，在那裡工作，不僅可以施展才華，而且優厚的待遇是許多國營企業望塵莫及的。然而招聘條件也是相當苛刻的：財會專業大學本科以上學歷，從事財務工作十年以上，具有會計師執照；熟悉電腦操作；年齡在三十五歲以下。

為了得到一口飯吃，他是硬著頭皮，抱著試一試的心態去的。去了才發現區區一個名額竟來了近一百人應聘。他隨口問了身邊的幾個應聘者，果然都是具有本科學歷和執照的。

在他要打退堂鼓的時候，輪到他面試了。自我介紹後，他便如數全盤托出學經歷：自己不是本科生，也沒有會計師執照。招聘條件中也只有一項符合，那就是從事財務工作在十年以上。

「既然如此，今天你為什麼還來應聘呢？」一位滿頭白髮的老者問道。他的目光慈祥而又平和，並沒有因為他的莽撞而拒之門外。

他頓了一下說，自己雖然沒有文憑和職稱，但有實際經驗。接著，就從背包裡拿出曾經在各類財務管理比賽中的獲獎證書，恭敬的遞過去。

老者看了幾分鐘後，說：「你比較誠實，既然來了，就一併參加面試吧！」

試題很簡單，幼稚園的小朋友都能回答的問題，是一加一等於多少？這麼簡單？是不是腦筋急轉彎呢？他不由得想起了相關的一些答案……

但思忖片刻，他還是老老實實回答：「等於二」。

結果出人意料，他是唯一的受聘者。

後來，在與那位滿頭白髮的老者也就是公司老總聊天時，才得知他受聘的原因。老總說，這道題只是看應聘者喜不喜歡玩「小聰明」。小聰明難成大事，任何小聰明都是容易被人察覺的，小聰明越多，破綻就越多。其他應聘者都耍了小聰明。只有你老老實實回答，所以就錄用了你。

由此可見，不是耍小聰明的你不管在任何地方都是一樣會獲得成功的，反而如果你是一個只知道運用自己的小聰明的人，不管你的學歷有多高，你的能力有多好，在工作中都是會獲得反效果的。這是很好的借鑑，不要讓自己的小聰明毀了自己的前途，同時耍小聰明也是公司最忌諱的事情。如果你覺得自己聰明，那麼你可以把這些聰明放在工作上，好好的、聰明的工作，而不是用來耍小聰明，否則你便會落敗。同時你也要知道辦公室不是你耍小聰明的地方，要聰明的工作，而不是耍小聰明。

戰國時期，秦國進攻韓國，切斷了其首都新鄭與北方上黨郡之間的交通。上黨郡長馮亭派使節趕往趙國首都邯鄲，面見趙惠文王，表示願將上黨所屬十七座城市劃入趙國版圖。

平原君趙豹引用聖人的話說：「無緣無故降臨好處，是一種災難。」

趙王此時玩起了小聰明：「上黨軍民都願歸附我們，怎能說無緣無故？」

在他看來，這可是一個巴不得的大便宜呢！實際上，上黨不僅是一個燙手的山芋，更是一個點燃了引信的炸彈，其他諸侯國避之猶恐不及，趙國卻將其攬入懷中。

西元前二六〇年，秦軍圍攻上黨，趙軍四十六天沒有糧食吃，官兵饑餓難忍，只好相互謀殺吞食。幾經突圍，損失慘重，統帥趙括死於亂箭之下。統帥戰死，四十萬士兵向秦軍投降。即便如此，這些士兵也沒能逃脫厄運，除極少數士兵放回報信之外，絕大多數都成了秦軍坑殺的對象。經此一戰，趙國損兵四十五萬，野戰軍主力悉數被殲。

這個例子告訴我們耍小聰明是不行的，同時還證明如果一個大權在握的人耍小聰明，就會產生極為嚴重的後果。

從上面的這個例子，你們就可以知道耍小聰明的可怕程度。在工作中也是一樣的道理，不管你扮演的是一個怎樣的角色，都切忌做個耍小聰明的人。這樣的人只會自己毀掉自己，根本就不會為自己換來什麼好處。

不要自認為是的去耍小聰明，腳踏實地工作是你們最好的生存方式，聰明是用在工作上的，而不是用在耍小聰明上的，希望大家都要記住這一點，它會為你在工作當中贏得成功的。

16 學習充電，知識讓思路更務實

The Success Principle

俗話說得好：活到老，學到老。現代人在激烈的競爭中，已經很明白知識是多麼的有力量。選准自身的職業定位，豐富相關知識和專業技能，迅速的為自己充電，才能成為行業中的長青樹！

目前，職場人「充電」熱潮逐步上升，除了應對危機、保住飯碗外，還有不少職場人士已經在考慮來年職業規劃，計畫「跳槽」，這也是他們需要進行再學習、再培訓的原因。

各大美語等外語培訓機構的市場人員介紹：「往年春節前後，報名的主要是考研究所和備戰升大學的高中學子，而針對成人、職場人士的外語會話、商務英語等則是淡季。但現在每年春節前各類成人班的報名人數均比往年要多出近一倍。」

這說明現在的職場人士越來越看重對自己的知識武裝了。

茱蒂大學畢業後，選擇了去雜誌社上班，雖然她很喜歡文化傳播這個行業，但在做了兩年之後，卻遇到了職業瓶頸，工作雖然順手了，卻缺少了自信，承擔某個專題策劃時，常會有力不從心的感覺。

Judy 選擇了辭職，希望給自己一段時間充電調整，她說：「當時家離大學很近，我就選擇考取了大學新聞系的研究生。」

雖然當時並沒有指望研究生文憑可以給自己帶來多大的轉變，但事實上，讀研究所的那段時間不僅幫助茱蒂度過了那段瓶頸期，更讓她結交了一幫志同道合的好朋友。在校期間，茱蒂花了三年時間研究報紙、雜誌市場在國外的發展史並從中吸取了許多寶貴經驗。畢業後，茱蒂擔任了某雜誌的策劃人，一開始還有些忐忑不安，但後來她發現自己在課程中學到的知識真的可以幫助她，令她信心大增。

幫自己「充電」就如同投資，每個人都期望用最小的投資獲得最大的收益；而「充電」和收益之間的關係又如同腳和鞋子，沒有最好的，只有最合適的。充電也是為了讓自己的事業之路更寬，風險更低，未來的發展更廣闊。

在這個計畫趕不上變化的年代，個人的未來靠天靠地不如靠自己，職位上的級別會隨著企業組織結構扁平化和合併發展隨時變動，薪資更是隨著行業的波動依績效獎金的調整而上下浮動。而以不變應萬變的唯一武器是個人的專業知識的積累、業務能力的提高，這是遇山開路、遇水搭橋、應對意外的終身保障。

受職場壓力的影響，再加上就業形勢的日趨嚴峻，找到理想的工作變得比以前更加困難。面對來勢洶洶的危機，職場人士培訓的理由也更加實際。

學日語的陳浩很好學，他總是說：「日語只是一門工具，要想在工作中出色，一門語言怎麼夠呢？」

「平時的工作很忙，有時候會連續加班，壓力就這麼一點一滴大起來了。」陳浩想過不少紓壓方法，找朋友玩和聊天、睡覺、看電視，但似乎都得不到理想的效果，「我逐漸意識到，紓壓不僅要在身體上，也要在心理上。」

「心理壓力大，睡覺並不踏實。而在心情焦躁的時候和朋友聊天，有時候甚至會出語傷人。雖然我的性格本來就直爽，但這個現狀還是要改變。」

陳浩下決心學完整個課程，在班上，他還有意無意的向女同學學習。

「可能女孩子本來就感情細膩，對心理這個東西很敏感，她們總是能關注到很多我關注不到的細節。」多關注細節，多考慮別人，陳浩發現和客戶溝通時更容易了，而朋友也更加願意把自己的心事告訴他。

「做一個善解人意的傾聽者，我很樂意。如果有可能，等我考出證照，我要成為一名真正的心理諮詢師。」

做事應該未雨綢繆、居安思危，這樣在危險突然降臨時，才不至於手忙腳亂。平常若不充實學問，臨時抱佛腳是來不及的。也有人抱怨沒有機會，然而當升遷機會來臨時，再歎自己平時沒有積蓄足夠的學識與能力，以致不能勝任，也只能後悔莫及。

趕快行動起來吧！如果想讓自己的思路變得更務實，如果想讓自己變得更有學問的話，那就不要忘記隨時給自己的學習充一下電，讓自己變得更完美豈不快哉？給自己的學習充電，就是讓思路變得更務實。

17 The Success Principle

勤於觀察，思考不是胡思亂想

對人對事進行觀察思考分析是人生的一項基本功，人的思想能力水準要能不斷提高，就要做人生與人世的有心人，勤於觀察、學習和總結。由觀察到基礎，思考起來就不會天馬行空、不著邊際，就不會胡思亂想了。

勤於觀察、思考才能有根有據。赫農王讓金匠替他做了一頂純金的王冠，做好後，國王疑心工匠在金冠中摻了銀，但這頂金冠確與當初交給金匠的純金一樣重，到底工匠有沒有搗鬼呢？既想檢驗真假，又不能破壞王冠，這個問題不僅難倒了國王，也使諸大臣們面面相覷。後來，國王將它交給了阿基米德。阿基米德冥思苦想出很多方法，但都失敗了。

有一天，他去澡堂洗澡，一邊坐進澡盆裡，一邊看到水往外溢，同時感到身體被輕輕拖起。他突然恍然大悟，跳出澡盆，連衣服都顧不得穿就直往王宮奔去。

阿基米德一路大聲喊著：「尤里卡，尤里卡」（Eureka，我知道了）。」

原來他想到，如果王冠放入水中後，排出的水量不等於同等重量的金子排出的水量，那肯定是摻了別的金屬。

這就是有名的浮力定律，即浸在液體中的物體受到向上的浮力，其大小等於物體所排出液體的重量。後來，該定律就被命名為阿基米德定律。

這就是勤於觀察的結果，因為阿基米德的勤於觀察，努力思考，解決了王冠的問題。你們也可以做到這樣：勤於觀察周邊的事物，而不是毫無根據的胡思亂想，那就很容易有針對性的得到自己想要的答案。

「一葉知秋」這個成語講的是，一片樹葉掉了下來，你就會意識到秋天來臨了。也就是說，觀察到的微不足道的細小事物，會說明一件重大的事情要發生了。

勤於觀察，無論在何時何地都是相當重要的。勤於觀察、努力思考的人，到最後都會獲得成就的。

傳說鋸子是魯班發明的。魯班經常到山上去尋找木材。路上，他看到工人們一斧頭一斧頭大汗淋漓的砍著樹，覺得他們實在太辛苦了，於是他就想，能不能發明個什麼東西代替斧頭，讓砍樹時更省點力氣呢？這個念頭在他的腦中一直盤旋著。

一天，魯班又出門上山去。在爬一段比較陡峭的山路時，他滑了一下，急忙伸手抓住路旁的一叢茅草，忽然覺得手指被什麼東西劃了一下，鮮血滲了出來。他又扯起一把茅草細細端詳，發現小草葉子邊緣長著許多鋒利的小齒，他用這些密密的小齒在手背上輕輕一劃，居然割開了一道傷口。突然間，魯班腦中靈光一閃。是什麼想法打動了魯班呢？

原來，他想到了這些天來自己一直費神思索找個什麼東西代替斧頭砍伐樹木一事。這麼細小的茅草都能將皮肉劃破，那麼應該也有東西能將樹木輕易砍倒。

魯班興致一來，便忘了疼痛，俯身湊到茅草跟前觀察起來。只見茅草的周邊有一排細細的利齒，正是這些玩意兒把他的手指劃破了。魯班若有所思的站了起來，他想，我何不讓鐵匠打造一些邊上有細齒的鐵條，放在樹上來回拉動，道理不就像這個茅草割破手指一樣嗎？如果行得通的話，就比斧頭省時省力多了。

根據這一想法，魯班製成了第一批鋸條。經過試用，果然比斧頭省事多了。到現在，木工們仍在用著魯班發明的鋸子。

透過現象、抓住本質，是觀察的目的之一。觀察不僅是透過現象抓住事物的本質，還要看到事物的現在，預見事物的將來。一些敏銳的觀察者都具有相當出色的預見能力。試問又有多少人可以做到這些呢？

說起來簡單，做起來難，但是只要肯勤於觀察，而不是胡思亂想，親自去執行，就會有成功的機會。

18 獨立思考，嘗試培養創新習慣

邁向知識經濟時代的人們，需要經常反躬自問：世界知識經濟的大潮已洶湧而來，面對知識經濟的挑戰，我們做得怎麼樣，是不是每天都有進步？「吾日三問創新」，問的是時候，問到了重點上。

養成獨立思考，培養創新習慣，關鍵是使創新成為一種自覺追求：一是樂於自我加壓。自覺性是習慣的引擎，要自覺而又愉快的把面臨知識經濟的壓力，化為刻意進取的動力；二是要大膽跳出一般化思維的圈子，努力在日常知識和經驗中爆發新的想像，遇問題注意從側向、逆向、多向上求解。

二戰時，英國潛艇艇長湯瑪斯士校在望遠鏡裡發現群鷗集結，目的是爭搶潛艇裡扔出來的剩餘飯菜。於是，湯瑪士上校就向海面拋撒食物。時間長了，即使不拋撒食物，那些海鷗發現海水下有黑影移動，都會集結在海面，尾隨盤旋。一月後，德國潛艇向英軍挑戰。湯瑪士上校發出命令，只要發現有海鷗群結飛翔，就立即進攻。在海鷗的幫助下，擊沉了數十艘德國潛艇。這就是巧妙運用了海鷗與水下實物的聯繫，是創新思維的典型。

巧妙地去思考，培養了自己很好的創新習慣，是很難得的。其實每個人都可以做到這點，只要肯去嘗試，沒有什麼事情是辦不到的，在當今的社會，不管對誰來說，創新都是一個很重要的環節，要獨立的去思考，嘗試培養你的創新習慣。

某家日報社每年都要招聘新人，一些大學生的履歷做得很美觀好看，筆試的成績也不錯，但就是動手能力差，一遇到問題就不知所措。這就是獨立思考習慣的基本沒有形成，獨立思考能力很薄弱的表現。

該日報社認為，首先要讓新進人員瞭解報社是一個充滿創新意識、競爭相當激烈、提倡人人獨當一面的新聞媒體。在職前培訓的兩周中，報社安排一半的時間請老記者分析一些重大採訪案例，談獨立思考的重要性。講課中重點特別強調碰到問題該如何變通、怎麼獨立思考解決的。

其次，要建立平等、融洽的同事關係和輕鬆的工作環境，創造讓新進人員勇於思考的氛圍。建立平等、和諧的同事關係和愉快的工作氛圍，能夠給新進人員一種心理自由與心理安全的環境，人的個性才能得到最大程度的張揚，人才能敢想敢做敢於創造。報社要求各報總編、部門主任在工作中不能以權威自居。報社在保證基本的採編工作必需的前提下，盡可能的廢止那些嚴重壓抑人的個性，抑制人的創新欲望的各種條例、清規戒律。

現在，幾位歷經過數次「大世面」的主力記者們有一句很犀利的話：「在新聞採訪上，只有我們想不到的，沒有我們做不到的。」

各報都設有「評報欄」，當日報紙上欄後，總編帶頭評報，並號召大家對報紙評頭論足，尤其是鼓勵新進人員對稿件提出與流行觀點不一致或截然相反的觀點。在每週的評報會上，總編們都將這些意見歸納整理後進行闡述和講評。報社的內部辦公網站上也設有評報欄和討論欄，幾乎每天都可以看到一些辛辣或幽默的文字在縱橫短長的評論報紙，時不時激起的浪花還經常引起很大的震動。

該報社的這種培養記者獨立思考、創新思維的能力，不僅給報社採集了優秀的新聞作品，也在新聞界內贏來了極好的社會反響，特別是在各種評稿大賽上的「大豐收」，完全可以視為「人才興報」理念結出的碩果。

很多科學家都是因為自己的獨立思考而獲得了成功。因此，一旦創新成為一種習慣，一種快樂，成為一個人的自覺追求，那麼他的人生和事業一定會有令人驚奇的發展，在成才之路上也會得到多方面的收穫和成就。而創新一旦成為人們的共識，我們邁向知識經濟時代的步伐就會越來越快。

獨立思考是非常重要的，可以嘗試著去培養你的創新習慣，不被擊敗的剛強，這就是你成功的起點；有自己的想法，自己的思考，這將是你人生路上的一門必修課程。

19

The Success Principle

有時候，放棄也同樣重要

在工作中的你們是否又遇到抉擇的時候，你們又是否不知道自己該選擇什麼樣的結局呢？其實你們越是不捨得放下就越要放下，有些東西放棄是一種悲傷，但有些時候，放棄卻是同樣重要的。

魚和熊掌不可兼得，這個道理，所有的人都懂，如果你想要抓住魚，與此同時，你又想抓住熊掌的話，那麼到最後你的命運就只會是一個普通的人、一個沒有成就的人、一個不懂得放棄的人。

放棄是一種選擇，也是一種快樂，不要因為自己放棄了某樣東西就覺得不值，事實上，連放棄都不懂的人才是真正不懂得欣賞生活的人。生活中有著起起落落，不要因為你想要的東西太多而不懂得放棄，因為有些時候放棄也是同樣重要的。

貝絲家裡有三個熱水瓶。平時，只要哪個熱水瓶裡沒有水了，貝絲總會及時去燒開水，把那空著的熱水瓶注滿。

這天，貝絲燒好水，剛注滿兩個空著的熱水瓶，丈夫走過來，拿起其中一個就往茶杯裡倒水。

貝絲阻止了他，指了指另一個熱水瓶說：「先喝昨天煮開的。」

丈夫只好放下手裡的熱水瓶，提起另一個往杯裡一倒，水已不熱了。丈夫雖皺了皺眉，但他還是從容的喝了這杯涼開水。他知道，如果不喝，貝絲又會說，自己家燒的水，不能像公司裡那樣，隔夜的開水涼了就倒掉。

貝絲天天都要燒開水，但貝絲一家人天天都只能喝到涼開水。

貝絲買了一箱梨子。買回當天，她清理出幾個爛梨子。貝絲把好的梨裝回箱子時，把那幾顆爛梨子剜去爛掉的部分，洗淨，然後動員全家人一起吃掉那幾顆爛梨子。

過了幾天，貝絲打開箱子，發現又爛了幾顆梨。她再次把爛梨清理出來，剜去爛掉的部分洗淨，再次動員全家一起吃爛梨子。

梨子仍然在爛。貝絲一家吃了一箱爛梨子。

貝絲家有了冰箱後，貝絲上街買菜一次便買很多，回來時，把冰箱塞得滿滿的，這樣可以吃上一些日子。

貝絲每次發現冰箱裡面的菜不多了，便提上菜籃子，上街又狠狠的採購一批。回來時，除了菜籃子裡裝滿了，還大包小包提著幾個塑膠袋。她每次都把冰箱裡原來剩下的菜清出來，把剛買的新鮮菜放進去。

貝絲家冰箱裡的菜總是在更替，新買的新鮮菜總是被貝絲放進冰箱裡，貝絲家每日吃的都是在冰箱裡儲存了一段時間的菜。

貝絲的丈夫出差回來，給貝絲買了一套流行的套裝裙。貝絲很高興，她把衣裙試了試，但捨不得穿，便將衣服掛進衣櫃裡，又穿起那些舊衣服。她覺得那些舊衣服都還沒穿壞，擱在那兒不穿挺可惜的，新衣服可以留下來以後再穿。

貝絲的丈夫仍不斷添購新的衣服給貝絲，貝絲都很喜歡，但她總是捨不得丟棄舊衣服。一天，貝絲從箱櫃裡取出自買回來只穿了一次的褲子。走在大街上，貝絲引來不少人的側目，她卻一臉燦爛，對於有如此高的回頭率而自我感覺良好。貝絲當然不知道，這種褲子早已過時，人們看她就像看見了一個怪物。

其實人生很多時候需要放棄一些東西，這不但不浪費，還能獲得更多的東西。或許放棄是一個人成功必須具備的條件……

懂得放棄的人才會真正懂得意義上的成功，不懂得放棄的人反而將永遠的是一個平凡的人。只要懂得了放棄，你便會知道自己的選擇是沒有錯的，放棄對你來說不是折磨，而是快樂，每個人都希望快樂的生活著，那為何不嘗試著去放棄一些東西呢？或許這會為人生增添一抹別緻的綠色。只有懂得放棄的人才是一個真正懂得享受生活的人，只要你記住，有時放棄也同樣重要，相信你的路會越走越好的。

大家都知道小孩們對氣球有一種非常強的依戀感情。

有一天，有一對母子在公園中嬉戲，兒子手中拿著一個氣球，當他們玩累時就坐在草坪上。於是母親拿出一隻口琴吹起來，林間立即迴響起悠揚的琴聲。

兒子瞪大眼睛，準備伸手向母親要口琴，卻又捨不得放開氣球。左右為難之際，母親停止了吹奏，朝他不停的發笑。在短短的幾秒內，他做了選擇，鬆開手……這天他學會吹奏口琴，悠悠的琴聲響遍公園。

這個小孩就是艾倫・格林斯藩——前美國聯邦儲備委員會主席。他放棄了自己最心愛的東西，而選擇了正確的道路，所以他獲得了成功。如果他最後選擇不放棄的話，或許他只會是一個普通人。在現實中這樣的例子有很多，或許你們如今還不知道放棄的真正含義，但是對你們來說放棄也是很重要的。

❦ 學會適當的放棄對你們的生活和工作都會有幫助，不要同時做了這件事，又做那件事，到最後你將會一件事情都做不好，還不如學著放棄某些事情。有時，放棄是同樣重要的。

20 善待自己，原諒偶爾的過失

The Success Principle

誰都有做錯事的時候，千萬不要一味沉浸在後悔之中。長時間的後悔會使自己心浮氣躁，後悔不僅於事無補，還會給身心帶來嚴重傷害，從某種意義上來說，後悔等於自毀。其實，偶爾做錯了一件事，不要老跟自己過不去，要懂得原諒自己，善待自己的過失，不要讓過失成為自己的絆腳石，而應讓它成為自己的墊腳石。

蘇格拉底說過：「否認過失一次，就是重犯一次。」人生在世，做錯事產生過失無可避免，但舉起雙腳重新走上另一個正確的方向，才是當下該做的事。

一個行醫十年的婦科名醫在看診時發生了錯誤，他誤把一個孕婦子宮裡的胎兒當成了腫瘤，並要求病人馬上動手術，以防擴散。病人十分害怕，也十分感激這個名醫及早發現了隱藏在身上的這枚「炸彈」。手術很快就安排就緒了，但是事情並沒有預料中的順利。

醫生打開病人的腹部，向子宮深入觀察，準備下刀，他有把握將腫瘤一次切除，使病人永絕後患。但是他突然全身一震，刀子停在半空中，豆大的汗珠冒上額頭。他看見了令他難以置信的事，一件他行醫數十年之間不曾遭遇的事——子宮裡長的不是腫瘤，是個胎兒。

他猶豫了，陷入掙扎。如果下刀硬把胎兒拿掉，然後告訴病人，摘除的是腫瘤，那麼病人一定會感激得恩同再造；而且可以確定，那所謂的腫瘤一定不會復發，他說不定還能得個「華佗再世」的金匾呢！

相反的，他也可以把肚子縫上，告訴病人，看了幾十年的病，他居然看走眼了。

這不過幾秒鐘的掙扎，已經使他渾身濕透。他小心的縫合之後，回到辦公室，靜待病人甦醒。醫生走到病人床前，他嚴肅的神情使病人身邊的親屬，都屏氣凝神的等待癌症末期的宣判。

「對不起！太太，我居然看錯了，妳只是懷孕了，並沒有長瘤。」醫生深深的致歉，「所幸及時發現，孩子安好，妳一定能生下可愛的小寶寶！」

病人和家屬全嚇呆了，隔了十幾秒鐘，病人的丈夫突然衝過去，抓住醫生的領子，吼道：「你這個庸醫，我要找你算帳！」

後來，孩子果然順利產下，而且發育正常，但是醫生被告得差點破產，最大的傷害，是名譽的損失。

有朋友笑他，為什麼不將錯就錯？就算說那是個畸形的死胎，又有誰能知道？

「老天知道！」醫生只是淡淡一笑。

很多的人都特別敬佩這名醫生的勇氣，在名譽與良心道德的天秤上，他傾向後者；而在通往眾人景仰的聖殿與萬人唾棄甚至是牢獄之災的路上，他也選擇了後者，這需要多大的勇氣啊！為自己的身家名譽，而去拼命的人，算不上大勇；不顧自己的身家名譽，而去維護真理的人，才是真正的勇者。

做錯事並不可恥，因為只要是人，就會做錯事。否認自己的行為，不但是自己人格的缺失，也是令其成為一個無法進步的障礙。悲劇發生了就是發生了，就算再自責又能改變得了什麼呢？

❦ 過去的始終已經成為了過去，就算是再悲傷也無補於事，既然如此，何不讓大家都豁達一點呢？善待自己是你們首先要做的事情，不要因為過去的悲傷而毀了自己，要懂得善待自己，並且原諒自己偶爾的過失。

21 學會減壓，別跟自己過不去

The Success Principle

或許在生活中有很多壓力讓你感到煩惱，讓你不知所措，無從下手，面對如此的局面，你是要這樣繼續下去，還是想其他的辦法幫助自己呢？壓力不可怕，關鍵在於要學會為自己減壓，而不是讓壓力把自己壓垮。如果壓力較大，又不善於處理，問題就可能變得嚴重，甚至造成心理和生理的疾病。因為壓力是與每個人健康息息相關的問題。

在生活中，壓力是有的，可是如果不斷的逼迫自己那就不值得了，這樣只會使人越來越失敗。一個真正成功的人是要學會給自己減壓的人，千萬別跟自己過不去。

安琪在廣州一家醫藥公司做銷售代表。由於她在銷售方面積累了較豐富的經驗，很快成為了公司的銷售精英。公司將她提拔為區域銷售經理，負責管理一個十多人的銷售團隊。安琪是一個責任心特別強的人，對下屬的要求特別高。因此每當她看到下屬對工作不負責或者不能按時完成任務時，就非常生氣。為了完成銷售業績，安琪常常加班，不能好好的照顧兩歲多的兒子，對此丈夫不時有一些抱怨。

近兩個月，安琪越來越覺得工作與家庭很難兼顧，感到壓力越來越大。公司又一再的提高銷售任務，使安琪更感到吃不消，工作的激情迅速的降溫。她曾想辭掉工作，好好休息一陣子，但一想到兒子剛剛上幼稚園，家裡積蓄不多，丈夫收入又不高，很快便又打消了這個念頭。安琪懷著非常忐忑不安的心情找到了職業顧問，希望知道如何化解來自工作、家庭的壓力。

職業顧問根據安琪的實際情況，給她提出了幾項參考建議，其中包括：如何消除壓力源；如何提升管理能力；如何結合自己的優勢，揚長避短等。透過與職業顧問的交談，安琪感到豁然開朗，輕鬆了很多。她說：向職業顧問諮詢的最大收穫是，不但清楚了自己合適的職業定位，還得到了職業發展和心理健康的輔導。她在諮詢過程中可以暢所欲言，讓壓抑的心情得到最大程度的釋放，非常有效的緩解了工作壓力。

在減壓之後，你會發現原本阻礙在你心頭的那塊石頭不見了，取而代之的是海闊天空，這樣你才會真正的知道沒有壓力之後，你會是什麼樣的人。要做個事業上成功、生活中得意的人，你就要學會如何去減輕你所背負的壓力，不要再跟自己過不去了。

在美國華盛頓林肯紀念館前最中心的地方有一個越戰紀念碑，這是著名建築大師梁思成的外甥女在二十一歲時的作品，上面刻的是在越戰中死亡的美國軍人的名字，所以有人將之稱為「美國哭牆」。

有一次，一個坐著輪椅的越戰老兵在碑前號啕大哭，他因酗酒被老闆解雇後，沒多久又離了婚，他從前妻那裡帶孩子進了酒吧，沒通知前妻又晚歸，被她告上法庭，法官判決他不能再探望孩子。

他覺得自己一切都失去了，絕望憤恨，咒罵著：「我要殺死你們！」於是他坐著輪椅來到越戰紀念碑前，摸著戰友的名字痛哭。哭完後，他平靜了許多，開始自我反省。

他說：「雖然我什麼都沒有了，但是比起在越戰中失去了生命的戰友，我還活著。因為我酗酒曠工，所以老闆開除我。現在我要去醫院戒酒，還好我是殘疾老兵，戒酒治療可以免費。等治療好了以後我就又可以找工作了，有了工作我就可以向法院申請探望我的孩子。以後，說不定我還可以找到一個好老婆呢！」

這個老兵宣洩了憤怒、悲傷之後，在自我安慰中試著去反省自己並發現希望。

透過情緒調節，人們要學會寬恕和自我寬恕：情緒疏導和調控是要做到學習對自我情緒的覺察和認知，隨時覺察到自己的情緒變化，及時調節；學習冷靜梳理、客觀分析自我情緒的發展變化，找到原因，加以控制；促進健康的積極情緒，轉移、排解、宣洩不良的消極情緒，學會適當的調節氣氛。

❦ 學會忘記過去的不快樂，著眼於明天，尋找生活中的希望和快樂；積極主動的創建產生健康情緒的環境，改變或避開引發或氾濫消極情緒的環境。

22 得意淡然，平和是最佳心態

The Success Principle

得意時要淡然，失意時要坦然。不要一不如意就鬧，一遇到大事就慌，要始終保持一種平和、成熟的心態，做到以平靜心待己，以平穩心處世，以平常心對名利，淡泊明志，寧靜致遠。聽到讚揚不竊喜，遇到詆毀不失志，容得下非難誤解，嚥得下酸甜苦辣，做到「無故加之而不怒，猝然臨之而不驚」，經得住各種風浪的考驗。

一個美麗可人的小女孩正在舒適溫暖的家中做功課，突然窗外飛來了一隻毛色鮮麗的藍鳥，藍鳥不停的歌唱，牠的歌聲輕快悅耳，使人彷彿看到一座鑲滿了不同玉石的寶山，璀璨耀目。

女孩被藍鳥深深的吸引著，不由自主的放下了功課，走出了溫暖的家門，跟蹤著藍鳥及牠那一路上逶迤著的美麗歌聲。不久，藍鳥飛回林中轉瞬間便失去了蹤影，小女孩在林中流連，不斷呼著藍鳥的名字，希望再聽見牠那使人心生喜悅的歌聲。可惜的是，藍鳥不再出現，小女孩失望得悲傷痛哭，一直等到太陽快要下山了，才無奈的回家。

家裡亮著溫暖柔和的燈光，爸媽一見到小女孩立即破涕為笑，把她擁在懷裡久久不放，說：「在家裡舒舒服服的，為什麼亂跑到外面使爸媽擔心呢？」

小女孩說為了去找藍鳥，媽媽指著窗外說：「唉！傻孩子，藍鳥不是整天都在家裡唱個不停嗎！」

原來很多時候所謂的快樂和內心的清明其實一直都未曾離開。只是人們身在這紅塵萬丈、光影斑斕的人間，不免會被種種五光十色的影像玄惑而迷失了自己。人們本來一如明鏡般潔淨無染的水晶之心，會慢慢的為紅塵中的風雨所濁蝕、所薰染、所蒙蔽、所牽引，在經歷的世界中不由自主的隨包羅萬象的處境而不停轉動。人們沒有一刻能停下來喘息，以曾經清涼剔透的心來關照生命中圓融無礙的雲月溪山，或靜靜的欣賞人世間默默綻放的出水蓮，享受荷塘中溫柔拂過的陣陣涼風……

活在這複雜的人世，煩惱一直未曾也永遠不會離開人們的，但大家也不要忘記，生命中有死亡的悲痛，是因為它同時有生的喜悅；生命中有衰老的無奈，是因為它同時有青春的飛揚。而這些都不過是現象世界中的曲折。就從現在起，將自己那顆原來是安靜明亮的心安定下來，再以這如金剛石柱般堅定不移的自性，自由出入於煩惱與菩提。

人生，得意時淡然，平和面對，是一種心境，是面對一切的不計較，是面對現實的一種從容不驚。人生有許多的成敗與得失，並不是我們所能預料得到的，也不是我們都能承受的，只要我們努力去做，求得一份付出後的坦然，得到的也會是一種快樂。失去了，不要沮喪，只要有一顆坦然的心，真真實實的生活，笑看風雲變化，你會發現原來一切也不過如此。

淡然，是一種崇尚簡單的生活，淡淡的來，淡淡的去，得到的是自己內心的一份寧靜。

23 別瞻前顧後，擔心過多會怯懦

瞻前顧後是人的一種心理狀態，當對自己的能力、特質等自身素質評價過低時，往往會產生自卑，自卑導致心理承受力極其脆弱，經不起較強的刺激，謹小慎微、猶豫不決，常產生疑忌心理，於是又更加怯懦。

當主觀心理狀態不能確保做出最適當的反應，但又無法回避這種活動壓力時，人的心理就會像天平一樣，失去他應有的平衡。只有果斷的踏出第一步的人才會是真正的強者，太多的瞻前顧後，猶豫不決，只會讓你變得更加膽小，更加擔心即將會發生的事情，擔心過多，反而會讓自己越來越怯懦。

美國激發潛能的課程中有一項走火大會：就是赤足走過攝氏二千度的燒紅木炭。他永遠記得第一次參加走火大會時，是在子夜十二時，十二尺長火花紛飛的木炭讓他聯想到烤肉架上的肉，令人十分恐懼。當時，他的老師安東尼祿賓提醒他說：你永遠要記得你想要的，而不是你恐懼的。

但他還是特地排在一個小女孩後面，心想：如果她走得過，那自己也應該走得過。

走火開始，數百人走了過去，腳都安然無恙，他見狀便增強了一些信心，但當他發現前面的女孩雙腳不停的發抖時，信心又動搖了。

此時，旁邊的輔導員大喊一聲：「加油！」

那名女孩竟大步走了過去。他心想，她可以，那他就一定行。接著他也信心十足的走過去了。

順利過火之後，他的第一個念頭是：走火竟然這麼簡單。的確，有很多事情看起來都很困難或不可能，但是只要你下定決心一定要的時候，並且告訴自己沒有其他路可以選擇了，不要想太多了，那麼它們就會變得非常簡單。就像柳傳志所說的：一旦決定目標，就不要瞻前顧後，要勇往直前，把百分之五的希望變成百分之百的現實。

要能夠經常正確的暗示自己，自我激勵，積極暗示自己「我可以」、「別人能做的事我也能做」、「堅持就是勝利」等，增加自己戰勝困難與挫折的力量。這樣就能克服瞻前顧後的心理，勇敢做自己想做的事情，而不會因為考慮過多而畏首畏尾了。

威爾遜在創業之初，全部的家當只是一台分期付款賒來的爆米花機，價值五十美元。第二次世界大戰結束後，威爾遜做生意賺了點錢，便決定從事土地買賣生意。如果說這是威爾遜的成功目標，那麼這一目標的確定就是基於他對自己的市場需求預測充滿信心。

當時，在美國從事土地買賣生意的人並不多，因為戰後人們一般都比較窮，買土地修房子、建商店、蓋廠房的人很少，土地的價格也很低。當親朋好友聽說威爾遜要做土地買賣生意時，都異口同聲地反對，甚至列舉了很多理由，勸他放棄。而威爾遜卻堅持己見，他認為反對他的人目光短淺。他認為雖然連年的戰爭使美國的經濟很不景氣，但美國是戰勝國，經濟會很快進入大發展時期，到那時買土地的人一定會增多，土地的價格也會暴漲。

威爾遜用手頭上的全部資金再加一部分貸款，在市郊買下很大的一片荒地。這片土地由於地勢低窪，不適宜耕種，所以乏人問津。可是威爾遜親自觀察了以後，還是決定買下它。他的預測是，美國經濟會很快繁榮，城市人口會日益增多，市區將會不斷擴大，必然向郊區延伸。在不久的將來，這片土地一定會變成黃金地段。

後來的事實正如威爾遜所料。沒出三年，城市人口劇增，經濟迅速發展，大馬路一直修到威爾遜買的那塊土地的旁邊。這時，人們才發現，這片土地價格倍增，許多商人競相出高價購買，但威爾遜不為眼前的利益所惑，他還有更長遠的打算。

後來，威爾遜在自己的這片土地上蓋起了一座汽車旅館，命名為「假日旅館」。由於它的地理位置好，舒適方便，開業後，顧客盈門，生意非常興隆。

從此以後，威爾遜的生意越做越大，他的假日旅館逐步遍及世界各地。

生活在這個世界上，人們不僅要對付自身的各種發展、變化過程的新問題，時時思索著事情的成功可能，還要對付外界環境的種種挑戰，因此，生活中各種各樣的壓力會擺在我們面前，要求人們去認識、思考、行動，去做出最適當的反應，而不是因為外界或內心的不確定、瞻前顧而一無所成。

❦ 可見要想獲得成功其實並不難，只是在做某件事情的時候，勇敢的放手去做，不要瞻前顧後。愛拼才會贏，沒必要擔心太多，果斷的邁出你新的第一步。

24 趕走悲觀自卑，擺脫負面思維

The Success Principle

人的一生中肯定會有一些不如意的事情，關鍵是看你的心態如何，或許你曾因為自己的不優秀而自卑，或許你會因為自己的身體不好、成績不好而覺得自己比不上別人。其實這些都是沒有必要的，世界上人人都是均等的，沒有誰比不上誰之說，重要的是能否還趕走自己的悲觀和自卑，擺脫負面的思維。

有一個名叫凱西的女子從小被認為智能不足，在智障學校待到五歲，才被發現原來不是智障，而是失去聽力，於是轉往特殊學校，直到十幾歲時，才藉著助聽器過上較為正常的生活。就在人生剛有起色時，一次意外車禍使她在醫院躺了兩年。

當時她自問：為什麼自己的人生會有這麼多的不如意？但她隨即深信：任何事情的發生必有其目的，並且是有助於自己的。因此她咬緊牙根渡過了難關。

之後，她交了男友，人生再度有了起色，卻又因乳癌先後割掉兩個乳房。縱有千般不如意，她還是相信：凡事發生必有其目的，並且有助於自己。

母親對她說：「凱西，真的很對不起，把你生成這樣。」

她回答：「媽，你把我生得太好了，因為這樣，我今天才有這份熱忱把自己的體驗和經歷與他人分享，化恐懼為動力，化壓力為助力，為自己在每一個困難中，找出值得收藏的禮物。」

凱西能夠擺脫自己的負面思維，擺脫自己的困境，是因為她不自卑，不悲觀，把所有發生在身上的一切事情都當做上天給她的恩賜，所以她沒有被打敗，她堅強的活過了每一天。不知道在你的生活中是否曾碰到過這樣的事情，你是否悲觀自卑的過呢？在看了凱西的例子之後，希望你能夠堅強的面對每一天，趕走那不該有的悲觀與自卑，擺脫自己的負面思維，使自己活得更瀟灑。

在美國龐大的律師群體中，有一位外貌醜陋卻口碑極佳的女律師，她的名字叫科爾。在法庭上，她扭曲的容貌常會引起眾人的驚訝甚至恐懼。但是，這位醜陋的女律師，卻以淵博的學識、言辭犀利的口才以及咄咄逼人的氣勢震驚四座，為無數當事人打贏了官司。許多人不解，這樣一位容貌醜陋的人是怎樣成為一名知名律師的呢？

今年三十五歲的科爾是家中唯一的女孩，童年時代，她不但長得俏麗可人，而且聰明伶俐，從小就是父母的掌上明珠。升入中學後不久，科爾的身上不斷出現奇怪的症狀：原本一頭金黃色長髮，變成了灰白色，且不停的大把脫落；右眼向下傾斜；鼻子向右扭曲；右側嘴角向上翻起，一張漂亮的面孔完全變了形。

醫生診斷得出的結論是：科爾患上了一種罕見的進行性面偏側萎縮症。這類病症會隨著患者年齡的增長而日趨加重，患者的五官會漸漸萎縮直至完全消失，甚至整張臉萎縮成為一個洞。而令人恐懼的是，目前還沒有對這種病症行有之有效的治療方法。然而這種病雖然非常可怕，但不會危及患者的生命。堅強的科爾心頭重新燃起了一團希望的火焰。

她想，既然自己享有和他人同等的生命權，就一定要透過努力和奮鬥來證明自己生命存在的價值和意義。從此，科爾更加發奮努力的學習，幾乎包攬了年級所有學科的第一名。

後來，科爾以優異的成績考取了大學。走進大學校園，她依舊是同學們眼中的「怪物」，沒有人願意主動接近她。面對如此大的精神壓力，科爾只有一個人默默的承受。

一天，在社會心理學課上，老師讓同學們討論自己的理想。輪到科爾時，她說她的理想是做一名律師。

教室裡爆出哄堂大笑，同學們你一言我一語的說：「『醜八怪』律師……」

「誰有這麼大的膽子請這樣的律師出庭……」

「考驗法官膽量的時候到了……」

而科爾表情嚴肅並語氣堅定的說自己要當律師，去幫助那些可憐的受害者，以及遭到他人歧視的身患殘疾的不幸的人。教室裡暫態安靜下來，每個人都陷入了深深的沉思中。

現在，女律師科爾時常出現在法庭上，她特殊的容貌依然會招來少數人的嘲諷甚至輕視。

科爾說：「有一天我的臉可能會消失，但只要我的生命還在，我會繼續證明，容貌的美並不重要，重要的是你生命中的自信和堅強。」

看完這個事例，你有什麼樣的感受呢？她沒有因為自身的醜陋而自卑，在面對來自外界的壓力時，她沒有悲觀消極，而是選擇了更為積極的應對方式，讓那些嘲笑、看不起她的人自己感到羞愧。

❦ 不管發生什麼事情，都要趕走自己的悲觀和自卑，擺脫自己的負面情緒，要相信自己是最好的，那麼誰也不能將你打倒，你就是一個永遠成功的人。

25 懂得自省，找到最適合自己的路

The Success Principle

生活總是要不斷自省的，否則會錯過很多很多。每個人都有缺口，陽光照進去，還是會有陰暗面，能夠坦然承認並勇敢改變的人才是有智慧的人。

人在一生中，要找到最適合自己的路並不是一件簡單的事情，關鍵是你要懂得自省，做錯了事情不要緊，最重要的是不要走錯了路。古人說「吾日三省」，時常自省才能找到最適合自己的路，才能使自己散發出光芒。

人生於天地之間，誰也不可能不犯錯誤。走錯了路，能夠自覺改正錯誤，重新做人，把才能用到正道上，再加上鍥而不捨的努力與奮鬥，一定會有一個光明的未來，有一條適合自己該走的路。

《世說新語》裡有個故事：戴淵年輕時，很豪爽，為人俠義，只是一開始沒有走正道。他曾經在長江、淮河間當強盜，專門襲擊、搶劫那些過

路的商人和旅客。有一次，大學問家陸機度假後回洛陽，行李很多，戴淵便指使一班年輕人去搶劫，他在岸上坐在馬上，指揮手下的人，安排得頭頭是道。

戴淵原本風度儀態挺拔不凡，雖然是處理搶劫這種事，神氣仍舊與眾不同，很有大將風度。

陸機看在眼裡，喜在心上，他在船艙裡遠遠的對戴淵說：「你有這樣的才能，完全可以報效國家，建立一番功勳，為什麼要做強盜呢？」

戴淵見陸機這樣說，再看他氣質高雅，不是一般的平民百姓，就和陸機坐下來交談。結果，陸機一番言辭，讓戴淵茅塞頓開，感動得熱流長淚。他便扔掉利劍，投靠了陸機，和陸機成為了好朋友。再後來陸機給戴淵寫了封推薦信。戴淵為國出力，最終官至征西將軍。

是啊，人不怕犯錯，最可怕的是犯了錯之後仍然執迷不悟，不懂得自省，也不懂得找一條適合自己該走的路，這樣的人永遠都是可悲的。反之，如果一開始就知道這條路不適合自己走，並且知錯能改，那麼你可以為自己找到一條很好的道路並堅持走下去。可見自省是很重要的，它可以為你選擇一條對的、也適合自己的路。

懂得自省的人才會有未來，這是一種非常難得的精神特質。

曾子說：「吾日三省吾身。」可見自省的重要性。一個人要想不庸庸碌碌的過一生，自身的努力固然重要，但更重要的是要懂得自省，勇於自省，凡事能從自己的身上尋找缺點，時時刻刻保持一分清醒，這樣的人才可以為自己選擇一條自己該走的路。

古人說，自知者智，自明者強。一個強者，不是說他有多聰明，而是他非常的清醒，有自知之明，不自大，不狂傲，無論做什麼事情都不怨天尤人，找客觀理由，而是能夠反躬自身，從自己的身上找缺點。這一點說起來容易做起來難，不是誰都可以做到的。

但也就是因為這樣，所以才會有那麼多的人都想去努力的做到這一點，因為他們知道只有自己自省了，才能進步，所以不管有多難，都要堅持下去。

❦ 無論從何種的角度來看，自省對所有的人都是有好處的。學會自省吧！為自己開拓一條屬於自己的道路。

26 聽取他人意見，接受良言指點

The Success Principle

每個人都不希望別人總是對自己有意見，忠言逆耳，即使明知是良言，也會覺得無法接受。本來將自己的劣勢暴露在他們面前，已經夠讓人臉紅尷尬，更何況還要接受別人的意見。可是事實往往是這樣，能接受良言指點，虛懷若谷的人總是更容易獲得成功。

過於自信，判斷會有失準確。個人的智慧是有限的。多元智慧學說，其實恰恰是一個很好的佐證。有人善於形象思維，有人則善於抽象的數字！

綜觀歷史，你發現了哪個偉人無所不能？皇帝老兒屢犯錯誤，恰恰為過於自信而判斷失誤做出了注腳。一國之君，天之下，萬人上，何等威嚴！何等不可一世！然而，恰恰正是這威嚴，恰恰正是這不可一世，不可避免的為自信的國君釀造了苦酒。

大凡有作為的政治家，都有非凡的性格和奇特的經歷。在齊國歷史上，如果說齊桓公以任用賢才而著名，那麼齊威王則以善於納諫而著稱。

齊威王叫田齊，是田和的孫子，西元前三五六年至前三二〇年在位。齊威王以善於納諫聞名諸侯，齊國的中興，也正是齊威王廣泛納諫，採集群策進行改革而實現的。當時，齊國有個大臣叫淳於髡，他人生得矮小，但很有口才，非常幽默風趣，他每次出使諸侯國，都能順利完成任務，是齊國的外交人才。他看到齊威王通夜喝酒，不理政事，政治紊亂，國勢危急，心中十分著急，但又怕得罪君主，於是便用隱語進諫。

他對齊威王說：「我們國家有一隻大鳥，三年不飛也不鳴。大王，你知道是什麼道理嗎？」

齊威王立刻意識到淳於髡是在用大鳥比喻自己，說他待在皇宮裡，百事不管，毫無作為，於是回答說：「此鳥不飛則已，一飛沖天；不鳴則已，一鳴驚人。」

齊威王從此就開始振作起來。

淳於髡還勸齊威王不要通夜喝酒，並以自己親身體會說明：「酒極則亂，樂極則悲。」

齊威王就改掉了通夜喝酒的毛病。後來齊國中興，成為東方強國。

古時候的納諫就是今日的聽取他人的意見，君主就是這樣獲得成功的。平常人也一樣，只要你聽取了他人的意見，接受了良言的指點，那麼你就將獲得成功。所以聽取他人的意見是很重要的，在聽取別人意見的同時，千萬不要忘記了還要接受良言的指點，這樣你才會使自己變得更加出色。

唐太宗即位後在很短的時間內，社會經濟便得到了恢復和發展，出現了政治比較清明、社會秩序相對穩定、國家逐步強盛的局面，使貞觀時期成為中國歷史上的盛世。唐太宗能夠取得這樣大的政績，其中一個重要原因，就是他在貞觀前期和中期善於納諫。

唐太宗曾說：「我少年時就喜愛弓箭，後來我用弓箭定天下，還不能真正懂得弓箭的好壞；何況天下的事務，我怎麼能都懂得？」

這說明他有一定的自知之明，承認自己並非一切都懂，無所不能。據此，他清醒的意識到，如果臣下對自己隱惡揚善，一味順從、奉承，則國之危亡，可立而待也。

為了穩固他的統治，唐太宗告誡下屬：「君有違失，臣須直言。」

他也確實採納了不少正確的勸諫。

有一次，唐太宗一氣之下要判處一名偽造資歷的人死刑，大理寺少卿戴胄堅決反對，認為依法應判處流放。唐太宗受到頂撞，十分生氣，戴胄仍然據理力爭，說：法令是國家取信於天下的憑藉，皇帝不能因一時憤怒而殺人。爭辯的結果，唐太宗折服了，並且稱讚戴胄秉公執法。

至於以「犯顏直諫」著稱的大臣魏徵，更是常常與唐太宗面諫廷爭，有時言辭激烈，引起唐太宗盛怒，他也毫不退讓，往往使唐太宗感到難堪，下不了臺。不過事後唐太宗能意識到，魏徵極力進諫，是為了使自己避免過失，因而先後接受了魏徵二百多次批評規勸，還把他比作可以糾正自己過失的一面鏡子。

魏徵病死時，唐太宗非常悲傷，痛哭說：「以銅為鏡，可以正衣冠；以古為鏡，可以知興替；以人為鏡，可以明得失。……今魏徵殂逝，遂亡一鏡矣！」

唐太宗與魏徵既是君臣，又是朋友。沒有唐太宗的賢明大度，就不會有魏徵的忠直；而沒有魏徵的忠直，唐太宗就少了一面文治武功的鏡鑒。

二人相互襯托，相輔相成。

❦

我們應當有辨別是非的能力，在工作、學習和日常生活中要多採納他人的合理化建議，不偏執、不搞「一言堂」，做一個敢於接受他人意見永遠都能成功的人。

27 心裡不認輸，方法就比問題多

The Success Principle

一個人在工作和生活中會遇到無數個問題，不是每個問題都有解決的方法。但你要想進步，要想真正的做好工作，就要學會分析，學會解決問題；學會思考，學會借力使力，儘量少走捷徑。因為問題可能在你走捷徑的過程中被你回避了，這樣下次再遇到同樣的問題時你還是不知道該怎麼處理。仔細分析那些成功的人，並不都是高智商的人，而是那些執著、有方法的人。

一位姓黃的老總講述了自己的故事：

十多年前，他在一家建築材料公司當業務員。當時公司最大的問題是如何收款。產品不錯，銷路也不錯，但產品銷出去後，總是無法及時收到款。

有一位客戶，買了公司十萬元的產品，但總是以各種理由遲遲不肯付款，公司派了三批人去催款，都沒能拿到貨款。那時他剛到公司上班不久，就和另外一位姓張的員工一起，被派去收貨款。他們軟硬兼施，想盡了辦法。最後，客戶終於同意給錢，叫他們過兩天來拿。

兩天後他們趕去，對方給了一張十萬元的現金支票。

他們高高興興的拿著支票到銀行領錢，結果卻被告知，帳戶裡只有九萬九千九百二十元。很明顯，對方又耍了個花招，他們給的是一張無法兌現的支票。第二天就要放春節假了，如果不及時拿到錢，不知又要拖延多久。

遇到這種情況，一般人可能一籌莫展了。但是他突然靈機一動，於是拿出一百塊錢，讓同去的小張存到客戶公司的帳戶裡去。這一來，帳戶裡就有了十萬元。他立即將支票兌了現。

當他帶著這十萬元回到公司時，董事長對他大加讚賞。之後，他在公司不斷發展，五年之後當上了公司的副總經理，後來又當上了總經理。

這個精彩的收款故事，博得了大家陣陣熱烈的掌聲。大家都很欽佩他凡事主動想辦法的精神，而且一致認為：他能有今天的發展，與他這種精神密切相關。

在工作中出現問題不可怕，可怕的是自己找不到出了什麼問題。而出了問題又不找原因，不去找解決問題的方法。這樣的人，無論做什麼都不會有進步。

職場中，一個有智慧的員工，必然是一個最能解決問題的員工。遇到問題，不是只會請示主管，更不是主管答應給你好的待遇和回報才去把問題解決，而是充分發揮主動的精神，先將問題解決掉。

有一個老總講了這樣一個故事：

他曾經正式招聘過一位員工，但沒想到，還不到半個月的時間，他就不得不把她辭退了。

那位員工是一位剛畢業的女大學生，學識不錯，形象也很好，但有一個明顯的毛病：做事不認真，遇到問題總是找藉口搪塞。

剛開始上班時，大家對她印象還不錯。但沒過幾天，她就開始遲到，辦公室主管幾次向她提出，她總是找這樣或那樣的藉口來解釋。

一天，主管安排她到北京大學送資料，要跑三個地方，結果她僅僅跑了一個地方就回來了。

主管問她怎麼回事，她解釋說：「北大好大啊！我都在傳達室問了好幾次，才問到一個地方。」

老總生氣了：「這三個單位都是北大著名的單位，妳跑了一下午，怎麼會只找到這一個單位呢？」

她急著辯解：「我真的去找了，不信你去問傳達室的人！」

老總心裡更生氣了：「我去問傳達室幹什麼？妳自己沒有找到單位，還叫老總去核實，這是什麼話？」

其他員工也好心的幫她出主意：「妳可以找北大的總機問問三個單位的電話，然後分別聯繫，問好路線怎麼走再去。」

「妳不是找到了其中的一個單位嗎？妳可以向他們詢問其他兩個單位怎麼走。」

「妳還可以在進去之後，問老師和學生……」

誰知她一點也不理會同事的好心，反而氣呼呼的說：「反正我已經盡力了……」

就在這一瞬間，老總下了辭退她的決心：既然這已經是妳盡力之後達到的水準，想必妳也不會有更高的水準了。那麼只好請妳離開公司了！

雖然女孩的舉動讓很多人難以理解，但大家還是認為，像這種遇到問題不是想辦法解決而是找藉口推諉的人，在職場中並不少見。而他們的命運也顯而易見——凡事找藉口的員工，在單位絕對不會有任何發展。

年輕的大學生，儘管面臨的問題很簡單，但仍然找藉口不去做，找理由為自己辯護。

找藉口的人，是不會主動想辦法解決問題的，哪怕有現成的辦法擺在他面前，他也難以接受。

在職場中的我們，要學業務，更要學會做人。遇到問題時，首先想到的是去尋求解決辦法，認真對待問題，發揮自己的智慧，只要肯努力，肯思考，最後一定能找到解決的辦法，因為方法總比問題多！

28

The Success Principle

別有僥倖心理，否則問題更多

僥倖心理是人們一種自我保護的本能，比如當人們遇到壓力、風險、危機而感覺焦慮時，心理會失去平衡。為了防止這種不平衡無限制的擴展下去進而導致人出現精神問題，就需要一種不確定的樂觀情緒來支撐起人的精神層面。

克里・喬尼是一位火車後廂的　車員，因為他聰明、和善，常常面帶微笑而受到乘客們的歡迎。

一天晚上，一場暴風雪不期而至，火車誤點了。克里抱怨著，這場暴風雪不得不使他在寒冷的冬夜裡加班。就在他考慮用什麼辦法才能逃掉夜間的加班時，另一個車廂裡的列車長和工程師對這場暴風雪警覺起來。

這時，兩個車站間，有一列火車發動機的汽缸蓋被風吹掉了，不得不臨時停車，而另外一輛快速車又不得不繞道而行，幾分鐘後要從這一條鐵軌上駛來。列車長趕緊跑過來命令克里拿著紅燈到後面去。

克里心裡想，後車廂還有一名工程師和助理　車員在那兒守著，便笑著對列車長說：「不用那麼急，後面有人在守著，等我拿上外套就去了。」

列車長一臉嚴肅的說：「一分鐘也不能等，那列火車馬上就要來了。」

「好的！」克里微笑著說。列車長聽完了他的答覆後又匆匆忙忙向前面的發動機房跑去了。

但是，克里沒有立刻就走，他認為後車廂裡有一位工程師和一名助理車員在那兒替他扛著這項工作，自己又何必冒著嚴寒和危險，那麼快跑到後車廂去？他停下來喝了幾口酒，驅了驅寒氣，這才吹著口哨，慢吞吞的向後車廂走去。

他剛走到離車廂十來公尺的地方，就發現工程師和那位助理剎車員根本不在裡面，他們已經被列車長調到前面的車廂去處理另一個問題了。他加快速度向前跑去，但是，一切都來不及了。在這可怕的時刻，那輛快速列車的車頭，撞到了自己所在的這列火車上，受傷乘客的哀嚎與蒸汽洩漏的聲音混雜在了一起。

後來，當人們去找克里時，他已經消失了。

第二天，人們在一個穀倉中發現了他。此時，他已經瘋了，在憑空臆想中叫喊著：「啊，我本應該……」

如果不是克里的這種僥倖心理，對工作不負責任、無所謂的態度，事情就不會這麼嚴重，損失也就可以避免了。

僥倖心理是人人都會有的，只是腳踏實地的人不太會在意這種心理，他們更看重自己的實幹取得的成就；而一些存在投機心理的人，則比較容易相信運氣。

如果農民有僥倖心理，就會犯下守株待免的笑話：去年種蘿蔔發了點小財，今年不去瞭解市場供求資訊，盲目擴大種植面積，繼續種蘿蔔，就有可能血本無歸。

孔子的學生宓不齊在魯國的單父縣做縣長，他謹遵師訓，把單父治理得路不拾遺，夜不閉戶，深受老百姓的愛戴。

一次，齊國要進攻魯國，必須經過單父。消息傳來，單父幾個德高望重的父老向宓不齊請求：麥子已經熟了，請您下達命令任憑單父的老百姓去收割，不要管是誰種的。這幾個父老認為：與其讓敵人的車馬踐踏，讓敵人白白的把糧食搶走，還不如讓單父的老百姓去任意收割，那糧食總還是留在單父縣境內。

一連請求了三次，縣長宓不齊就是不同意。這件事傳到孔子那裡，孔子十分生氣，認為自己一向看重的學生竟會如此的分不清這明擺著的利弊關係，當即派人前去訓斥宓不齊。

宓不齊等老師派來的人怒氣衝衝的訓斥完後，才慢條斯理的說：「今年麥子被敵人糟蹋了，明年還可以再種；如果讓平日不愛勞動、不願種麥子的人，趁敵人入侵的機會獲得糧食，就會開啟這些人的僥倖心理，希望常有敵人入侵，以便趁機撈些好處。」

他接著又說：「單父的麥子由於戰爭來不及收割，被敵人糟蹋、被敵人搶走，並不會影響魯國的強弱；如果老百姓有了不勞而獲的僥倖心理，社會風氣就會變壞，而社會風氣一旦變壞，需要幾代人的努力才能扭轉過來，這樣對魯國的危害就更大了。」

來人聽到這裡，才徹底明白宓不齊為維護國家長治久安的良苦用心。

由於時代的局限，宓不齊不可能有組織幹部下鄉、動員民眾打一場搶收麥子的人民戰爭的思想，但他的不可開啟僥倖心理以及社會風氣一旦變壞，要撥亂反正，扭轉過來，需要費很長時間，花很大精力的觀點，是有遠見卓識和難能可貴的。同時，也對我們頭腦中根深蒂固的「五千年文明」和「禮義之邦」只是一種虛無的宣傳口號，有著不大不小的衝擊。

所以，僥倖心理開啟不得，對此要始終保持不變態勢，不要讓其有機可乘。不然到最後事與願違，「賠了夫人又折兵」，不但沒有改善現狀，反而陷入比先前更困難的境地，這樣的例子時有所聞。總之，僥倖心理不可啟。

29 馬上動手，擁有開始力

The Success Principle

凡事都習慣等到明天再做的人，將永遠沒有明天。許多人都有把今天的事情拖到明天去做的習慣，還要千方百計的找理由來安慰自己。可是，等待明天而放棄今天的人，就等於失去了明天，結果還是一事無成。而把握今天的祕訣是：馬上動手，擁有開始力。

李洋在老師和家長眼裡，絕對是一個聽話的好孩子，學習成績也很優異。本來他是一個愛說愛笑的學生，但是最近他總是愁眉苦臉的，滿懷心事，而且老說一些使自己洩氣的話，比如：「唉，我怎麼這麼沒用啊」、「累死了，真不想上學了，沒意思！」

班導林老師也發現了這個問題，便把李洋叫到辦公室，仔細詢問。

李洋一副苦惱的樣子，他說：「我一直很愛上學的，我有自己的理想和目標，這學期開始，我訂定了詳細的計畫，包括各門功課應該實現什麼樣的目標，在班上爭取什麼樣的位置。為了實現這些，每天在什麼時候、要做什麼事都做了明確的規定。而且我還分科獨立制定目標，一門功課一張表。但是令我苦惱的是，這個計畫僅僅執行了一周，第二周便沒執行了。有時是忘了這個時間該做的事情，乾脆下面的也不想做了；有時候感覺很累，什麼也不想做，就對自己說明天再做吧，到了第二天又沒做……我應該怎麼辦呢？」

林老師聽了點點頭，說：「別著急，老師幫你分析分析。」

李洋的計畫是訂定好了，但執行不到一周就出問題了：今天打了半天籃球，特別累，休息一下，明天晚上再複習；到了隔天，又有足球賽，算了，明天晚上吧……這樣不知過了幾個「明天晚上」，結果計畫完全都沒執行。

我們每一個人的腦海裡可能都藏著一個或數個早就應該付諸行動的想法。你的想法也許是寫一篇文章，或是早起鍛煉身體，或是成績提高十分等。每一個人總想追求完美，懷有不斷改進自我的希望，可是像李洋一樣的人也是不少的。他們懶惰而貪於安逸，只要享受今生，一直到「老大徒傷悲」時，才會感歎自己「少壯不努力」。

他們老是說：「等一等，等我準備好了就一定開始。」

但是，準備又準備，從未就緒。時不我待，失去時機，你就永遠無法成功。

意志薄弱者常常為自己的耽誤時間而後悔，又不能及時約束自己，到頭來一事無成。

總是安慰自己，尋找藉口：「這種方法不錯，但不適合我。」、「我已發誓早起多次了，可就是做不到，看來我的天性不適合早起。」、「我一看書就想睡，試過好多次了，看來我與別人不同，不適合晚上看書。」

這些理由看似合理，實則都是自欺欺人。

其實，這類問題解決起來十分簡單：採取行動，而且現在就開始。任何藉口都是多餘的，都是心不誠的表現。

古詩《明日歌》這樣寫道：「明日復明日，明日何其多，我生待明日，萬事成蹉跎。」

有一艘遊輪途中觸礁，船體進水。乘客有的急忙找救生圈，有的找自己的行李，但更多的人在發牢騷：有的責怪船長，說其駕駛技術太差；有的罵造船廠，說其生產偽劣產品。

這時，一位乘客高聲喊道：「我們的命運不是掌握在我們的嘴上，而是掌握在我們的手上，快堵住漏洞！」

經過眾人的努力，漏洞被堵住了，遊輪安全的駛向彼岸。

畢竟，百說不如一做，光靠嘴皮子是沒用的，只有行動起來，才能解決問題。

只爭朝夕，抓住今日，兼程而進，這就是非凡成功者的用時精神，也是他們的成功所在！每個中學生都應該牢記大劇作家莎士比亞的話：時間給勤奮者以智慧，給懶漢以悔恨。

不知道你們是不是想到某件事情就會毫不猶豫的馬上動手去做呢？現在告訴你們，這是很重要的，因為這可以培養你擁有開始力，想到了就馬上動手實踐吧！

是啊！如果所有的事情都拖延到明日，不管你的夢想多麼美妙，計畫多麼周詳，如果不採取任何行動，夢想只能是空想，也就永遠沒有實現的一天，最後只能是一事無成，潦倒終身。

想要獲得成功就必須把你想到的東西馬上付諸行動，馬上動手。擁有開始力吧！它將為你的成功之路奠定基礎。

30

The Success Principle

進度緩慢可以被原諒嗎

能將事情做得既好又快，雖不容易，但這也是衡量一個人能力大小的關鍵指標。試想一下，如果你的公司交代你去辦一件事情，你是否會因為一件意外發生的事情而拖延你要去辦的事情呢？

不管你遇到什麼樣的事情，都應該自己想辦法解決，在不損害公司利益的情況下，排除一切外在因素，而不應該使原本應該完成的事情，到最後因為某些因素，使進度變得緩慢。不管理由多麼充分，都是需要檢討的。

在工作中出現進度緩慢也是要分情況的，假如你不喜歡你的工作，做起事情來也就沒有了動力，那麼你的進度自然是緩慢的，這樣的你永遠都不會獲得成功，也許別人都升職了，你還僅僅是一個一線工人。

小陳大學畢業後進入一家知名的公司，他以為公司將會把他安排在管理職位上，但卻沒想到被安排到車間做維修工。維修工作很髒、很累、很不體面。

做了幾天，小陳就開始抱怨：「讓我做這種工作，真是大材小用！」、「維修這工作太髒了，瞧瞧我身上髒兮兮的！」、「真累呀，我簡直討厭死這份工作了！」

每天，小陳都是在抱怨和不滿的情緒中度過。他認為自己做這樣一份低下的工作簡直就像下了地獄，因此他在工作中總是磨磨蹭蹭，能偷懶時就偷懶，能耍滑的就耍滑，隨隨便便的應付工作。

轉眼幾年過去了，與小陳一同進廠的另外兩名員工，一位成了車間主管，一位成了公司的部門經理，唯有小陳，仍舊在抱怨聲中做他的修理工。

大家都看到了，這樣的工作態度是公司最忌諱的事情，也許很多人都會有這樣的工作態度，但是俗話說得好「做一行，愛一行」，只有你端正了自己的工作態度，才不會有進度緩慢的事情發生，那麼老闆就會看到你的努力，而你就即將獲得成功了。

如果你只抱持這一種一遇到外界發生困難，就不知所措，就進度緩慢，這是很不應該的，老闆也不會喜歡這類員工。老闆們喜歡的是可以為公司賺利益，鍥而不捨的員工。

只有按照老闆的要求去做，你才是一個真正成功的人，而不是虛有其表。

❦

所以工作態度也是一門學問。只要你端正了工作態度，不怕累、不怕髒的努力去做事情，老闆就會看到你做出的成績，而你的升職、加薪就指日可待了。

31 尋找品質與效率的最佳平衡點

The Success Principle

品質與效率在工作中都是不可或缺的，都是很重要的，為追求品質而讓進度緩慢，或為追求效率而使品質低下，都是不可取的。想要獲得品質同時又擁有效率，確實不是一件容易的事情，那麼要怎樣才能讓品質與效率獲得最佳的平衡呢？

兩個同年齡、同學歷的女子在同一家公司工作，小麗青雲直上，而小雲總是低小麗一級。小雲很不滿意老闆對自己不公平的待遇。

終於有一天，小雲到老闆那兒發牢騷：「老闆，你交代我做的事，我都努力去完成。我每天都把做不完的工作帶回家去做，即使犧牲睡眠時間，我也在所不惜。我為公司那麼賣力，為什麼你總是先升小麗不升我？」

「小雲，恕我直言。」老闆開口說話了，「同樣是朝九晚五，同樣性質的工作，小麗能在下班前就把工作完成。她能做到『今日事，今日畢』，妳卻只能做到『今日事，今夜畢』。我感激妳的苦勞，但我更欣賞她的功勞！」

小雲啞口無言。她終於明白原來自己是輸在效率上了。

有些人認為，工作時間越長，越能顯示自己的勤奮。其實，工作效率和工作業績是最重要的，整天忙忙碌碌但看不出成果，並不是一個有效率的工作者。這就是品質和效率的並存概念。如果你在做一件事情，儘管你把這件事情做得很好，但是卻沒有用足夠的效率，試問這又有什麼用呢？

你擁有了品質，可是你缺少的卻是效率，那麼這樣的你永遠都是不會被人所發現的。你要達到的是品質與效率的最佳平衡點。

「發達國家及著名跨國公司，對人才標準的界定早已走出了『唯學歷』、『唯學位』的迷思，而主要強調『兩個導向』。」上海公共行政與人力資源研究所所長、著名人才問題專家沈榮華分析說，「一是能力導向，雖然要考慮人才的學歷和職稱，但更要強調其綜合能力和專業水準，進而真正做到唯才是用。因為一個人的綜合素質，是很難用學歷展現出來的。如果一個明星大學的畢業生在五年內做不出成績，就很難講他是一個有用之才；二是業績導向，在競爭環境中，業績是至關重要的，因為只有業績才能把一個人和其他競爭者區別開來。在進行人才評價時，不能僅看文憑和其畢業的大學，還要看他給社會做了哪些貢獻，有何業績。」

聶靈是一所普通大學的在校生，學的是電腦專業。大三那一年，他在父親朋友的幫助下進入一家科研機構實習。

剛去的時候他也只是乾坐著，主管看他有點可憐，就扔給他一個東西說：「三天內完成就行了，到時給你個實習鑒定。」

那三天，他幾乎住在公司，最後——完成了它。在當天上午，主管嚇了一跳，對他刮目相看了。又給他幾個任務，並且規定要在很短的時間內完成，而他居然都提前完成了。

實習結束了，主管沒多說什麼。但不久，機構主管到他的學校要人，點名要他。

在這之前，機構的上級部門很好奇：我這有好幾個本科生以及研究生，你都不要，卻要一個普通的大學生，這不是開玩笑吧？

「不是開玩笑，他有能力，能做成事。」那個主管說。

後來，有一次上級部門臨時借調他去幫忙，結果是：這個部門以前的報表都是最後交的，但這一次，這個部門的報表是第一個送上去的，成為少數幾個一次就通過的部門之一。後來上面點名要他，下面不願意放，但硬是調走了。

這個例子是值得借鑒的。不管你是誰，是明星大學出身的大學生也好，是普通的高職大專生也好，只要你有能力，那麼就一樣是會被挖掘的。

擁有很好的品質與效率是你在社會當中必勝的武器，這兩者是不可或缺的，在企業中也是尤為重要的，但是卻不是每個人都能做得到的。如果你不嘗試著去做的話，你永遠只是小角落的一隻昆蟲，碌碌無為，只有你去嘗試了，去尋找機會了，相信你一定會做得很好的，所以尋找品質和效率的最佳平衡點是非常重要的。

❦ 現在，很多公司看重的是結果，業績決定一切。因此，把能力轉化為業績最重要。品質重要，效率重要，那就想辦法讓它們達到平衡吧！

32 The Success Principle

越做越強，得到持續執行力

很多人都想做生活的強者，卻也不得不一步一步由基層起，越做越強。但是在這個過程當中，總是會遇到許許多多的挑戰，就看個人如何去面對，如何去解決了，也只有越做越強，才能得到更好的持續執行力。

一次偶然的機會，樂嘉接觸到雅芳產品，他向銀行老同事推銷，賣了九百元後從中提取傭金二百元，那時他一個月的薪資只有一百七十元，只要動動嘴皮子，就可以有這麼高的收入，他為此激動不已。

樂嘉喜歡銷售工作，僅做了兩個月，銷售額就達到浙江省第一名的成績。雅芳在寧波成立分公司時，有五百個人去應聘經理，在所有應聘的人當中，樂嘉年齡最小，學歷最低，管理經驗最少，但他有直銷經驗，又頗得總裁好感，在過五關斬六將之後成為雅芳公司一員。

上海總裁問他願不願意去上海培訓部，他第一次聽到培訓這個詞，但他得知可以去全國各地出差，就高高興興的前去報到了，心想：就算不發薪資也要去。

一九九四年，到了上海，樂嘉成了直銷培訓師。

雅芳是一個大公司，誰都可以在臺上照著講義講課，並沒有什麼挑戰性。但在講臺上，樂嘉第一次找到了良好的自我感覺，他決定以後一輩子都要做與演講有關的培訓師。

不幸的是，一年後，賞識他的上海區總裁離開了，他也跟著被架空。他從報紙上搜尋招聘啟示，每天寫三十封應聘信，兩個月寫了一千多封信，只有一百封回信，不是他看中的公司不要他，就是他看不中的公司要他。

一九九五年，樂嘉在一家臺灣個人成長訓練公司，遇見了一個有才學的臺灣培訓師，他跟臺灣老師學了半年，接受的是嚴苛的魔鬼訓練。他印象最深的一件事就是，那位臺灣培訓師為了讓他改掉口頭禪，竟逼著他把話重複一千遍，這種「反向折磨法」讓人不堪忍受。

後來樂嘉去上影廠參加配音演員應聘，遇到了一生難忘的恩師——上海戲劇學院教授安振吉。這位曾經輔導過王志文、陸毅、寧靜等知名演員的老師在和樂嘉聊過之後，建議他到戲劇學院進修表演。

樂嘉對這件事極為慎重，他已經二十五歲了，花一年時間進修就意味著損失一年的時間成本和各種賺錢的機會。

最後他決定放棄一切，去上戲參加表演進修。但演藝圈關係複雜，偶然性因素太多，他最終放棄了成為演員的夢想。但他又說：這對自己後來創辦培訓公司幫助太大了，因為自己現在所做的培訓主要就是性格分析，專業的表演技巧使他能把具有不同性格的人的形態、神態、思想活生生的表現出來。有很多人的表演功力比我強百倍，有很多人的心理學知識比我多得多，但能夠把這兩者完美結合起來的，這個世界上卻沒有多少人。

這就是越做越強，只有不怕困難，不怕失敗，在現實面前積攢自己的力量，讓自己越來越強大，總有一天會發現，自己的持續執行力已經給自己帶來了成就，才能在工作和生活中，做個強者。

赫胥黎生於英國倫敦西部的伊林，八歲時開始上學讀書。由於家境貧寒，赫胥黎只讀了兩年就停學了。但是他愛好學習，每天堅持自學，在他自己制訂的教育課程表上，只留下了一個專案：閱讀。

赫胥黎讀書非常刻苦，每天天未亮就起床讀書。因為家裡窮，沒錢買書桌，赫胥黎就點起一支蠟燭，將毛毯披在肩上，然後坐在床上讀書。赫胥黎學習興趣相當廣泛，對什麼都感興趣。開始時想學土木工程，又想學橋梁建築；後來又轉到了醫學方面，跟父親的一個朋友專門學醫。由於他聰明好學，很快就掌握了一些醫學知識。

在赫胥黎二十一歲時，他以海軍軍醫的身份作了他一生中最有意義的第一次冒險遠航，根據遠航的見聞和研究成果，他發表了論文——《關於水母的解剖學》，受到了科學界的高度讚揚，並獲得了皇家獎章，被選為皇家學會會員。

從此以後，赫胥黎邁開了更大的步伐。接著發表了一系列專著和論文，很快成為當時英國最年輕、最有希望的科學家。

在達爾文發表《物種起源》一書後，他竭力支持和宣傳進化學說。為了保衛達爾文的學說，赫胥黎在以後的三十年間，改變了自己的學術研究方向，轉而研究脊椎動物化石。

❦ 如果你們要做生活的強者，就必須使自己變得越來越強，因為越做越強的人，才能得到「持續執行力」。

33 主動找方法，你能脫穎而出

The Success Principle

在任何一家企業，能夠主動找方法解決問題的人，最容易脫穎而出。方法能為人解除不便，讓他人有更大的發展，更能給企業創造最直接的效益。任何企業的老闆，都會格外重視想盡辦法幫企業解決問題的人。

現在我們所處的環境還不是很穩定，所以在處理相關業務的時候會遇到很多預期不到的困難。首先抱有主動找方法的人，就已經成功了一半。因為這種人充滿信心，也會採取積極主動的方法去解決過程中的困難，最終成功完成工作任務。

主動找方法解決問題的人，是社會上的稀有資源。不管是國內還是國外，只要有這樣的人出現，他們就能像明星一樣閃耀。哪怕他沒有刻意去追求機會，機會也會主動找上門。

假如你透過找方法做了一件乃至幾件讓人佩服的事，那就能很快的脫穎而出並獲取更多發展的機會。

一七九三年，守衛土倫城的法國軍隊叛亂。叛軍在英國軍隊的援助下，將土倫城護衛得像銅牆鐵壁。土倫城四面環水，且有三面是深水區。英國軍艦就在水面上巡弋著，只要前來攻城的法軍一靠近，就猛烈開火。法軍的軍艦遠不如英軍的軍艦，根本無計可施，法軍指揮官急得團團轉，以至前來平息這次叛亂的法國軍隊怎麼也攻不下。

就在這時，在平息叛亂的隊伍中，一位年僅二十四歲的炮兵上尉靈機一動，當即用筆寫下一張紙條，交給指揮官：「將軍閣下：請急調一百艘巨型木艦，裝上陸戰用的火炮代替艦炮，攔腰轟擊英國軍艦，以劣勝優！」

指揮官一看，連連稱妙，趕快照辦。

果然，這種「新式武器」一調來，英國艦艇無法阻擋。

僅僅兩天時間，原來把土倫城護衛得嚴嚴實實的英軍艦艇被轟得七零八落，不得不狼狽逃走。叛軍見狀，很快的也繳械投降了。

經歷這一事件後，這位年輕的上尉被提升為炮兵準將。你知道這位上尉是誰嗎？他就是後來威震世界的軍事天才拿破崙！

像很多成功的人一樣，可以說拿破崙的成功，就在於他遇到問題時，主動去想辦法，抓住解決問題的關鍵，最終走上了人生巔峰！

而正是有了這樣的新起點，才會有更大的舞臺，才能吸引更多的人向自己看齊，才有更多的資源向自己彙集，才能邁向更大的成功。

在工作中遇到各種困難的時候，哪怕是困難重重，你也不能老是想著逃避，也不能猶豫不決，更不能有依賴思想，希望某個人能幫你全力解決，而要敢於做出自己的判斷。做出判斷是你本職範圍內的事情，要果斷而又大膽的自己拿主意，沒有必要全部都向老闆請教。

發現問題就自己想辦法去解決，遇到困難就自己想辦法去克服。把問題解決掉，把困難克服掉，你就會迎來新的契機。

你經常能夠這樣做，不但歷練了自己工作的能力，而且能把自己巨大的工作潛力挖掘出來，日子一長，你的工作能力就能勝人一籌，你的老闆肯定會知道你是一個真正有能力的人才，你也就能得到老闆的重用。

在美國，年輕的鐵路郵務生佛爾曾經和許多其他的郵務生一樣，運用陳舊的方法分發信件，而這樣做的結果，往往使許多信件被耽誤幾天或更長的時間。

佛爾對這種現狀很不滿意，於是想盡辦法來改變。很快，他發明了一種把信件集合寄遞的方法，大大的提高了信件的投遞速度。五年後他成了郵務局幫辦，接著當上了總辦，最後升任為美國電話電報公司的總經理。

從佛爾身上我們能夠看出：在工作中主動想辦法解決問題的人最容易脫穎而出，也最容易得到公司的認可。

當誰都認為工作只需要按部就班做下去的時候，偏偏有一些人，會主動去尋找更好更有效的方法，將問題解決得更好。也正因為他們善於主動的尋找方法，所以他們也常常最容易得到認可，獲得成功。

許多時候，我們並沒有做好自己的工作，究其原因，其實就是在錯誤的時間、錯誤的地方，用了錯誤的策略做了錯誤的事，最終只能收穫一個錯誤的結果。事實上，任何事情的發生、發展都有自己的規律，哪怕是突發事件，也有個起因和結果，問題是我們能否找到最關鍵、最巧妙的辦法來解決問題。

❦ 阿基米德說：「給我一個支點，我可以把地球撬起來。」其實，你也一樣可以做到。

34

The Success Principle

用更簡單的方法解決問題

同樣是解決問題，有時方法越是簡單，越說明你對問題的認識越深刻，對事物規律的掌握越準確，越具有邏輯性與可行性。

一位教授要在客廳裡掛一幅畫，請鄰居來幫忙。畫已經在牆上扶好，正準備釘釘子。

鄰居說：「這樣不好，最好釘兩個木塊，把畫掛在上面」

教授遵循他的意見·讓他幫著去找木塊。

木塊很快找來了，正要釘，鄰居說：「等一等，木塊有點大，最好能鋸掉一些。」

於是便四處去找鋸子。

找來鋸子，還沒有鋸兩下，他又說：「不行，這鋸子實在太鈍了，得磨一磨。」

他家有一把銼刀，銼刀拿來了，又發現銼刀沒有把柄。為了給銼刀做個把柄，他又去樹叢中尋找小樹。

要砍下小樹，他又發現教授的那把生滿老鏽的斧頭實在是不能用，他又找來磨刀石。

但為了固定住磨刀石，必須製作幾根固定磨刀石的木條，為此他又到郊外去找一位木匠，說木匠家有一個現成的。

然而，這一走，就再也沒見他回來。

那幅面最後還是教授一邊一個釘子釘在了牆上。下午，教授再見到鄰居的時候是在街上，他正在幫木匠從五金商店往外抬一台笨重的電鋸。

故事看起來很好笑，但給予我們的啟示是極其嚴肅而深刻的。凡事不要把簡單的問題想得太複雜，因為當你覺得它很難時，你就會想方設法從難處著手，因而忽略了最簡單的解決之道。而事實上，越是複雜的越是簡單的，就像簡單的按部就班也能到達自己的目標。

一臺新組裝的小鐘放在兩臺舊鐘之間。

其中一臺舊鐘對小鐘說：「你也開始工作吧！可我有點擔心，一年要走三千一百多萬次，你做得到嗎？」

「天呀！三千一百多萬次？」小鐘驚訝的說，「要我做這麼大的事，我怕是做不到。」

另一臺舊鐘馬上說：「你只要每秒鐘滴答一下就可以了。」

「真的這麼簡單？」小鐘半信半疑，「如果真的這麼簡單，那我就試試吧！」於是，小鐘抱著試一試的態度開始了工作。

不知不覺一年的時間過去了，小鐘很高興，因為它輕鬆完成任務了。

負責的問題簡單化，用更簡單的方法處理問題，這也是大智慧了，許多事情並不像表面看起來的那樣難以超越，當有了堅定的方向和目標，簡單也能到達。

《史記》中講：「大樂必易，大禮必簡。」意思是說，「大」的音樂一定是平易近人的，「大」的禮儀則一定是簡樸的。世界的表現雖然複雜，但方法的本質卻是簡單。面對紛繁複雜的萬事萬物，迎接不斷出現的新情況、新問題，說難也難，說易也易，關鍵看你能否把握方法的本質，是否善於用簡單的理念去處理、去破解。

一次，愛迪生讓助手幫助自己測量一個梨形燈泡的容積。事情看上去很簡單，但由於燈泡不是常見的圓形，而是梨形，因此計算起來就不是那麼容易了。

助手接過後，立即開始了工作，他一會兒拿尺測量，一會兒又運用一些複雜的數學公式計算。

但幾個小時過去了，他忙得滿頭大汗還是沒有計算出來。當愛迪生看到助手面前的一摞稿紙和工具書時，立即明白了是怎麼回事。

愛迪生拿起燈泡，朝裡面倒滿水，遞給助手說：「你去把燈泡裡的水倒人量杯，就會得出我們所需要的答案。」

助手這才恍然大悟。

由此可見，簡單是一種行之有效的思維方式，簡單是新的形勢任務賦予我們的一場思維革命。學會把複雜問題簡單化，不僅是提高能力素質、增強競爭本領的迫切需要，對於領導幹部來說，還是提高執政能力和領導水準的內在要求。

有些問題其實並不是我們想像的那麼難，關鍵是我們要有解決問題的決心，按正確的分析方法，找到問題的關鍵所在，一切都將迎刃而解。

❦

複雜問題簡單化處理，其實也是一種心態，一種活在當下的心態，一種處理問題從容不迫的態度，心境如水、一步步踏踏實實做好當下事情的態度，一種水到渠成的感覺。

35 運用專注的力量來創造奇蹟

The Success Principle

義大利文藝復興時期，著名藝術家米開朗基羅七十三歲的時候已經衰老不堪，躺在床上難以起身。教皇的特使來到他的床前，請他去繪製聖彼德堡教堂圓頂。他思量再三，終於同意了，但卻提出了一個奇怪的條件：不要報酬。因為他覺得自己最多只能做幾個月，如果運氣夠好的話可以做一兩年。既然註定無法完成，也就不應該索取報酬了。

教皇同意了這個條件。於是，這位七十多歲的老人起了床，顫微微的來到教堂，徒手爬上五層樓高的支架，仰著頭創作，從此一發而不可收拾，竟然越畫幹勁越足，體力與智力越來越好。教皇老死了，換了一個新教皇，他還在畫，新教皇死了，又來一個新教皇，新教皇又死了，一直死了三個教皇，他還在畫。他足足畫了十六年，直到他八十九歲的時候，終於完成了這項永載史冊的藝術巨作。

最後一次走下支架的米開朗基羅顯得容光煥發，他興奮極了，穿上厚重的騎士鎧甲，手持長矛，騎上戰馬，像個瘋子一樣到曠野中奔馳，歡呼自己的勝利。在完成這項任務以後不到一年，米開朗基羅就去世了。

米開朗基羅創造了兩個奇蹟，一是藝術史上的奇蹟——聖彼德堡教堂圓頂壁畫；一是生命的奇蹟，一個垂死的老人不可思議的又活了十六年，而且越活越有精神。是什麼力量讓米開朗基羅完成了這兩個奇蹟呢？

答案很簡單——專注，心無旁騖的專注；熱情，一心創造的熱情。有了專注和熱情，就能夠創造世界上任何奇蹟！

《列子・湯問》記載，有個名叫詹何的人，用一根細細的蠶絲做釣線，麥芒做魚鉤，細竹做釣竿，米粒為魚餌，能在深淵急流之中釣到一大車魚。楚王聽後深感好奇，就把他請來詢問訣竅。

詹何回答：「當臣臨河持竿，心無雜慮，唯魚是念，投綸沉鉤，手無輕重，物莫能亂。魚見臣之物餌，猶沉埃聚沫，吞之不疑。」

簡陋的工具卻發揮出超強的威力，其實是專注的力量創造奇蹟。

有一個鋼琴的調音師，工作了幾十年了。有一次，朋友看他調琴，發現了一個驚訝萬分的奇蹟，他調琴並不像人們想像的那樣，用手撥動琴弦，然後用耳朵去辨認音階、音色，而是撥動琴弦後，用鼻子去聞，聞一聞，便可以判斷出琴弦是否準確。就像具有特異功能似的，如果不是親眼看見，真不敢相信。

朋友問他，這是為什麼。他說，剛開始的時候也是用耳朵聽，但每天都這樣重複和專注，漸漸發現，自己的嗅覺也有了辨認音階、音色的能力，而且是不知不覺中形成的。奇蹟就是在專注中產生的，甚至人的觸覺也會發生轉移。

人的能力是無限的，關鍵是要有一種超乎尋常的專注力，一定能創造出常人無法創造的奇蹟。因此我們在事業初期，不妨把路走得窄一點，這樣更能把事情做得更好。

同樣，在人生歷程中，專注也是難能可貴的特質。不過，專注的特質還包含另外一層意思，那就是要找對專注的著力點，否則也會事倍功半，憑添無限麻煩。

這是一個關於馬克的鬍子的故事：由於忙於工作，馬克一直沒有時間在意自己的鬍子。

有一次，有朋友問他，晚上睡覺的時候是把鬍子放在被子裡頭還是外頭，這下可把馬克問倒了。晚上睡覺的時候，他開始留心自己的鬍子究竟放在被子裡還是被子外，但他發現無論放在裡頭還是放在外頭，總覺得不對勁、不習慣，以致一個晚上都沒有睡好。

專注要放對地方，要放在自己所設定人生正確的努力方向之上，否則就有可能物極必反。香港臭名昭著的綁匪張子強把專注力用於犯罪活動上，儘管創造了難以相信的「奇蹟」，但其結果必然是走向罪惡的深淵。

❦

為了真正找到訣竅，必須在專注上下工夫，對於年輕人來說，就是那句老套話：做一行愛一行，這樣才能說做到了專注，否則就是空話。

36 用耐力和毅力去實現目標

The Success Principle

擁有十八個世界冠軍頭銜的鄧亞萍，二〇〇八年十一月二十九日將英國劍橋大學的經濟學博士學位收入囊中。這個曾因個子矮而被踢出局的運動員，一次次刷新自己的人生高度，一次次令人刮目相看。

鄧亞萍總是那麼令人心服口服。她所驗證的「強者恒強」的道理，並非源於外在的權力所賜，而是在於其內心的強大，在於其人生目標的清晰與堅定。

在二〇〇三年攻讀博士學位之前，她先後在清華大學和英國諾丁漢大學拿到學士和碩士學位，而在劍橋大學近八百年的歷史中，還是第一次有鄧亞萍這種重量級的世界頂尖運動員拿到博士學位。

短短十年間，鄧亞萍的人生和職業角色多次改換：乒乓球奧運冠軍、劍橋大學留學生、奧組委市場開發部工作人員、奧運村部副部長、國家體育總局器材管理中心副主任……但是她的求學夢始終未變。

下一個人生目標會是什麼？鄧亞萍說，自己還會秉承運動員吃苦耐勞、腳踏實地的精神做事，並且有自信實現目標。這一路走來，就是因為心中有夢、腳下實踐的是頑強拼搏的運動員精神——非凡的自信、吃苦與堅持。

在運動場上叱吒風雲的優秀運動員，通常有著超乎常人的毅力與耐力，但不論國外國內，許多運動員都缺乏恒定持久的人生計劃和目標，這也是不少運動員，哪怕是退役前擁有巨額收入的運動員退役後很快陷入人生和事業困境的重要原因。而競技運動作為青春事業，常常是短暫的。

不管什麼樣的事業，什麼樣的經營方式，沒有一段長期、持續的積累、發展，任何事業都無從談起。人與人其實也沒有什麼區別，也沒有所謂的高等與低能之分，差別不過是某某人，能夠專業、專注的做下去，堅持做下去，僅此而已。

當一個人能夠專業的、專注的做下去，像樹根一樣，牢牢的紮根在生長的土地上，再不可思議的奇蹟都能發生。

海倫・凱勒於一八八〇年出生，一九六八年逝世，活了八十八歲，經歷了兩個世紀。她出生後十九個月便患了一場猩紅熱，重病奪去了她的聽力和視力，變成又聾又瞎，同時嘴巴也發不出聲。看來這麼一個五官三廢的一歲半的幼兒一輩子也沒有什麼希望了。

可是世界上還真有奇蹟，後來由於她的頑強不屈、刻苦奮鬥和老師安妮・蘇利文小姐教導有方，當然還由於她有出眾的天賦，因此她從七歲開始受教育，經過幾年的努力，終於學會了讀書和說話。她學懂的文字有英、法、德、拉丁、希臘五種之多，而且知識淵博。

從二十四歲大學畢業後到她逝世這六十多年的期間，她的主要職務是寫作和講演，她周遊世界各國，全心全意為聾盲人的教育和福利事業貢獻一生，曾受到許多國家的政府、人民和高等院校的讚揚和嘉獎。一九五九年聯合國發起「海倫・凱勒」世界運動。

一九〇四年，也就是海倫二十四歲那年，她以優等成績通過了大學畢業考試後，她便投身於為聾盲人服務的事業，她跑遍全國為聾盲人學校的籌建募集基金。同時她筆不停揮的從事寫作，在大學時代她就寫作了著名的《我的生活故事》，之後她也陸續寫出了《我生活的世界》、《石牆之歌》、《走出黑暗》、《我的老師安妮・蘇利文・麥西》、《樂觀》、《海倫・凱勒在蘇格蘭》、《海倫・凱勒：她的社會主義年代》等十四部著作。書中提到的《倘若我能看見三天》是海倫給《大西洋月刊》寫的一篇散文。

海倫的一生經歷豐富，除了見於她本人的著作之外，別人研究她的著作數以百計。美國曾出版過著名的傳記作家約瑟夫・拉希的一部八百多頁的巨著《海倫和老師》，資料最豐富，圖片也很多。

拉希把老師與學生寫在一本書裡是很有道理的。安妮當海倫的老師達五十年之久，和海倫結成不解之緣，贏得了「海倫的另一半」的美名。馬克・吐溫稱讚這師徒二人「組成了一個完美無缺的整體」。

海倫自己也說：「要是沒有老師，我不知道我能做什麼」

❦

沒有什麼事情是很容易完成的，也沒有什麼事情簡單得如探囊取物。天才也是勤奮出來的，擁有強大的耐力和毅力的人，堅持下去，終有一天能實現自己的目標。

37 運籌時間，你需要黃金定律

The Success Principle

時間是一個很重要的概念，在學習與工作中，不僅要懂得珍惜時間，更要學會運籌時間，使自己在最短的時間內，得到最大的效果。人們要把握住自己的時間，做時間的主人，所以就要懂得如何去運籌自己的時間，而這需要的就是黃金定律了。

林玉是一家顧問公司的業務經理，一年能接下約一百三十個案子，她的很多時間是在飛機上度過的。林玉相信和客戶維持良好的關係是很重要的，所以她常常利用在飛機上的時間寫信給他們。

一次，一位同機的旅客在等候提領行李時和她攀談說：「我在飛機上注意到你，在二小時四十八分鐘裡，你一直在寫信箋，我敢說你的老闆一定以你為榮。」

林玉笑著說：「我只不過是在有效利用時間，不想讓時間白白浪費而已。」

這就是有效的利用時間。如果沒有目的地瞎忙，那麼到最後，什麼事也做不成。忙固然重要，可是要問問自己是否忙得有價值，有收穫。在你忙的時候，越來越多的員工只管上班不問貢獻，只管接受指令卻不顧結果，不知道學會運籌時間不僅能提高效率，還能使自己工作得更輕鬆，更有動力。

林玉的事例告訴了人們運籌時間的重要性。關於如何去把握好自己的時間，可能還是有很多人不理解，在不知不覺中時間流逝了，大家感歎歲月催人，卻一事無成。

其實很多時候，有些人不懂得合理利用自己的時間，人到中年，想要再去實現年輕時候的理想已經來不及了。

運籌時間就是利用有限的時間來做無限的事情，而不是輕易讓時間從指縫間溜走，空蹉跎了歲月。

司馬遷幼年是在韓城龍門度過的。

龍門在黃河邊上，山嶽起伏，河流奔騰，風景十分壯麗。這條中華民族的母親之河滋養了幼年的司馬遷。他常常幫助家裡耕種莊稼，放牧牛羊，從小就積累了一定的農牧知識，養成了勤勞吃苦的習慣。在父親的嚴格要求下，司馬遷十歲就閱讀古代的史書。

他一邊讀一邊做摘記，不懂的地方就請教父親。在父親的薰陶下，他從小立志做一名歷史學家。由於他格外的勤奮和絕頂的聰穎，將史書都讀遍了。後來，他又拜大學者孔安國和董仲舒等人為師。他學習十分認真，遇到疑難問題，總要反覆思考，直到弄明白為止。

一天，快吃晚飯了，父親把司馬遷叫到跟前，指著一本書說：「孩子，近幾個月，你一直在外面放羊，沒時間學習。我也公務纏身，抽不出空來教你。現在趁飯還沒熟，我教你讀書吧！」

司馬遷看了看那本書，感激的望了望父親，說：「爸爸，這本書我讀過了，請你檢查一下，看我讀得對不對。」

說完他把書從頭至尾背誦了一遍。

聽完司馬遷的背誦，父親感到非常奇怪。他不相信世界上真有神童，不相信無師自通，也不相信傳說中的神人點化。可是，司馬遷是怎麼會背誦的呢？他百思不得其解！

第二天，司馬遷趕著羊群在前面走，父親在後邊偷偷的跟著。羊群翻過村東的小山，過了山下的溪水，來到一片窪地。

窪地上水草豐美，綠油油的惹人喜愛。司馬遷把羊群趕到草地中央，等羊開始吃草後，他就從懷中掏出一本書來讀，那朗朗的讀書聲不時的在草地上縈繞回盪。

看著這一切，父親全明白了。

他高興的點點頭，說：「孺子可教！孺子可教！」

從二十歲起，司馬遷開始到各地遊歷，考察歷史和風土人情，為他日後編寫史書提供了充足的史料。

做太史令後，他常有機會隨從皇帝在全國巡遊，又搜集了大量的歷史資料，還瞭解到統治圈內的許多內幕。他如饑似渴的閱讀宮廷收藏的大量書籍，收集了各種重要的史料。就在他寫《史記》的時候，為李陵說情觸犯了漢武帝，被關入監獄，判處了重刑。司馬遷出獄後繼續寫作，經過前後十年艱苦的努力，終於寫成了《史記》。

在伏爾泰的作品中曾經提到過一個謎語：「世界上有一樣東西，它是最長的也是最短的，它是最快的也是最慢的，它最不受重視但卻又最受惋惜；沒有它，什麼事也無法完成，這樣的東西可以使你渺小得消滅，也可以使你偉大得永續不絕。」

沒錯，它就是時間。

學習與工作是在時間中進行的。無庸置疑，誰能更好的運籌時間，誰就能獲得更多的知識，取得更大的成就。

38 忙到重點上，不要苦勞要功勞

The Success Principle

一九〇一年，美國歷史上出現了第一個年薪百萬美元的高級臨時工——查理斯・施瓦伯。

施瓦伯出生在美國鄉村，只受過短期的學校教育。十五歲那年，他到一個山村做了馬夫。三年後，他來到鋼鐵大王卡內基所屬的一個建築工地打工。一踏進建築工地，施瓦伯就抱定了要做同事中最優秀的人的決心。當其他人在抱怨工作辛苦、因薪水低而怠工的時候，施瓦伯卻默默的積累著工作經驗，並自學建築知識。

在某年夏天的一個晚上，施瓦伯又像往常一樣躲在角落裡看書。正好被到工地檢查工作的公司經理發現，經理看了看施瓦伯手中的書，又翻開了他的筆記本，什麼也沒說就走了。第二天，公司經理把施瓦伯叫到辦公室，問他學那些東西幹什麼。

施瓦伯說：「我想我們公司並不缺少普通員工，缺少的是既有工作經驗又有專業知識的技術人員或管理者，對嗎？」

經理點了點頭。

在施瓦伯的同事中，一些人還不時諷刺挖苦施瓦伯。

對此，施瓦伯回答說：「我不光是在為老闆工作，更不是單純的為了賺錢，我是在為自己的夢想工作，為自己的遠大前途工作，我們只能在業績中提升自己。我要使自己工作所產生的價值，遠遠超過所得的薪水，只有這樣我才能得到重用，才能獲得機遇！」

不久之後，施瓦伯就被升任為技師。後來，一步步升到了總工程師的職位上。二十五歲時，施瓦伯成為這家建築公司的總經理。三十九歲時，施瓦伯成為美國鋼鐵公司的總經理，年薪一百萬美元。而在當時，一個人如果一周能掙到五十美元，就已經非常不錯了。

查理斯・施瓦伯之所以能從一個普通的打工者，成為年薪百萬美元的成功者，是因為他始終抱著這樣的信念：所有的人只能在業績中提升自己。但是他要使自己工作所產生的價值，遠遠超過所得的薪水，這樣自己才能得到重用，才能獲得機遇！

輕鬆且報酬優厚的工作，已經不復存在。能為公司創造更多價值的人，得到的報酬往往也最多。

一個人做事情的時候不要只說自己很忙，但其實或許連他們都不知道自己究竟在忙些什麼，所以忙要忙到重點上，而不是所謂的瞎忙，那樣只會使你忙出來的效果功虧一簣。

一家公司招聘業務人員，其中有一個應徵的人資歷顯赫，對於公司來說，有點小廟容不了大和尚的感覺，因此公司與他面談時，沒有抱太大的希望。

面談的時候，公司老總很誠實的跟他說，依據公司規定，公司並不能給予他太高的薪水。老總原本想就此打住，以免浪費彼此的時間，沒想到他竟然接受這家公司提供的，不到他原來工作薪水一半的條件，讓公司喜出望外。

開始上班之後，他也沒有表現出任何出身大企業的不好的習慣，準時上班、報表填寫清楚、勤跑客戶。過了不久，他的業績遠遠超出原本的預期，於是在最短的時間內，他首度被破格晉升，而且大幅度的加薪。自此，他也更加賣力，為公司創造了更多的業績。

之前，他也曾經應聘過許多家公司，也曾經因為薪水無法與自己所要求的相符而怨天尤人，總認為自己懷才不遇，別的老闆不識貨，但在經歷了一段時間的挫折與沉澱之後，他選擇了重新出發，重新認識到價值與價格的差異點。

他說：「價格是別人給的，隨時可以拿走；價值卻是自己創造的，任誰也無法帶走。」

他也用實際行動創造了自己的價值。雖然最初公司只能付出部分的價格來雇用他，不過這已是公司能給的最高限度，但他所帶給公司的價值，絕對是金錢無法衡量的。

❦ 每個人都要抱著不斷提升自己的信念好好的工作，去為公司，也為自己創造價值，不要覺得老闆給你多少薪水，你就只付出多少回報，而是你要付出比薪水高的回報去做事情，要忙也要忙到重點上才是最重要的，今天的工作今天完成，這才是老闆最看重的地方，老闆不會喜歡一個總是把事情做得拖拖拉拉的員工，因為老闆要的是功勞而不是苦勞。

39

The Success Principle

想往前走，目光就放在遠處

很多人都不甘心一生平平淡淡，經常為自己描繪美好的未來，但是在現實生活中，卻經常只能看見眼前的利益，如果想往前走，就應該把目光放在遠處，有一個明確的目標，並追尋著自己的目標勇敢的往前走，不怕失敗，不怕挫折的走下去。

有人說窮人之所以成為窮人，究其原因，大多都沒有長遠的打算，只想湊合眼前的日子，得過且過的過每一天。

一個到海邊度假的富人看到載著一個窮人的小船靠岸。船裡放著一些看起來很新鮮的大魚，富人誇讚窮人，說他的魚很大、很新鮮，並問他捕這些魚需要花多少時間。

窮人回答說：「先生，用不了多少時間，我才駕船出海幾小時而已。」

富人有點困惑的說：「看來你捕魚的工夫非常好，為什麼不多捕一點呢？」

窮人笑了起來：「我幹嘛要捕那麼多呢？我需要多餘的時間做點別的事。」

富人又問：「那多餘的時間你用來做什麼事呢？」

窮人說：「我想做什麼就做什麼。我跟孩子玩耍，陪老婆睡午覺，每晚到村裡跟朋友喝喝小酒，唱唱歌，一起高興高興。我的生活過得美滿又充實。」

「哦，你實在是目光短淺。」富人笑著說：「我可以幫助你。依我的看法，你應該每天多花一點時間捕魚，用賺來的錢換一條大船。不用多久，你又可以賣掉大船，再多買幾艘，最後你可以自己做生意。幾年後，你便能自己開罐頭廠。也許你會搬到更大的城市，在那裡你可以不斷擴大你的生意。」

窮人思考了一會兒說：「先生，這要花多久的時間呢？」

富人忙著按計算機和在紙上做筆記，然後回答說：「哦，大概……十五到二十年吧！當時機對了，我會很高興給你建議，你可以把公司上市，然後出清你手上的股票，你就會變得很有錢。你可以賺上幾百萬，甚至上千萬。」

窮人歇了一會兒，不在意的說：「先生，謝謝你給我的建議，不過如果你不介意的話，我想我還是省下這十五年，過我現在的生活就好了。」

窮人很難有長遠的眼光，他們就像小孩一樣只看眼前的事物成敗，看不到長遠事物的發展與利益。窮人大多生活在窮人之間，久而久之，心態成了窮人的心態，思維成了窮人的思維，做事的模式也是窮人的模式。

窮人和富人對事業和事情的看法，差之毫釐，失之千里，兩者在時間、空間和性質上，都不相同。我們不難看出，窮人在做事情，而富人卻是在做事業。任何事都是可以做的，就看你怎樣去做，是把它當一件事情，還是一項事業來做；窮人的精力往往就是被無休止的事情耗光的，使他們的眼光永遠不能落到事業上來，也不會有長遠利益可言。所以，窮人需要有長遠的目光。而對於人生中的種種坎坷，未雨綢繆又何嘗不是必須的呢？

有一天，龍蝦與寄居蟹在深海中相遇，寄居蟹看見龍蝦正把自己的硬殼脫掉，只露出嬌嫩的身軀。

寄居蟹非常緊張的說：「龍蝦，你怎可以把唯一保護自己身軀的硬殼也放棄呢？難道你不怕大魚一口把你吃掉嗎？以你現在的情況來看，連急流也會把你沖到岩石上去，到時你不死才怪呢！」

龍蝦氣定神閑的回答：「謝謝你的關心。但是你不瞭解，龍蝦每次成長，都必須先脫掉舊殼，才能生長出更堅固的外殼。現在面對的危險，只是為了將來發展得更好而做準備。」

寄居蟹細心思量一下，自己整天只找可以避居的地方，而沒有想過如何令自己成長得更強壯，整天只活在別人的護蔭之下，難怪永遠都限制自己的發展。

龍蝦為了要往前走，就要為自己的將來而做著準備。相同的，每個人都想過要讓自己變得更強大，要往前走，但卻往往忽略了在這之前要有長遠的目光，有了長遠的目光，才有長遠的打算，才能做最好的準備。未雨綢繆，才能在將來的風頭浪尖裡破浪乘風。

對於人生、事業步入迷思，執迷不誤的人，他們的目光通常是短淺的。要發展、要進取，必定要目光長遠，深思遠慮。

❦ 長遠的目光決定了人生的高度，也決定了你能走多遠，鼠目寸光和只顧眼前利益的人，永遠都不可能強大。

40 多一個朋友，多一種可能

The Success Principle

多一個朋友多一條路，朋友多了，你的路就多，辦起事來就簡單；多一個仇人多一堵牆，牆若多了，出門就會碰南牆，什麼事也難順了。所以人活一生最重要的是先學會做事做人，無論與誰做事都能給人好印象，讓別人願意和你在一起，願意與你交朋友。真正的朋友不是用物質交易的，不是用金錢收買的，要「以心換心」「澆樹澆根，交友交心」，要用你的真心待別人，才會交下真正的朋友。

錢鐘書先生一生日子過得比較平和，但困居上海孤島寫《圍城》的時候，也窘迫過一陣子。辭退保姆後，由夫人楊絳操持家務，所謂「捲袖圍裙為口忙」。那時他的學術文稿沒人買，於是他寫小說的動機裡就多少摻進了賺錢養家的成分。一天五百字的精耕細作，卻又絕對不是商業性的寫作速度。

恰巧這時黃佐臨導演上演了楊絳的四幕喜劇《稱心如意》和五幕喜劇《弄假成真》，並及時支付了酬金，才使錢家渡過了難關。時隔多年，黃佐臨導演之女黃蜀芹之所以獨得錢鐘書親允，開拍電視連續劇《圍城》，實因她懷揣老爸一封親筆信的緣故。錢鐘書是個別人為他做了事他一輩子都記著的人，黃佐臨四十多年前的義助，錢鐘書四十多年後還報。

俗語說：「在家靠父母，出門靠朋友」，多一個朋友多一條路，也就多了一種可能。要想人愛己，己需先愛人。

這雖然是一個很小的例子，但是其中的含義卻是很深的，朋友是不可少的，也許是你施了一點小恩小惠，就有可能和對方稱為朋友。這樣「朋友多了路好走」就有了兩層意思：朋友多了走起路來不寂寞，朋友多了路也多。

對於一個身陷困境的窮人，一枚銅板的幫助可能會使他握著這枚銅板忍一下極度的饑餓和困苦，或許還能做番事業，闖出屬於自己的天下。

對於一個執迷不悟的浪子，一次促膝談心的幫助可能會使他建立做人的尊嚴和自信，或許在懸崖前勒馬之後奔馳於希望的原野，成為一名勇士。

就是在平和的日子裡，對一個正直的舉動送去一縷可信的眼神，這眼神無形中可能就是正義強大的動力。對一種新穎的見解報以一陣贊同的掌聲，這掌聲無意中可能就是對革新思想的巨大支持。

就是對陌生人很隨意的一點幫助，或許也會使他突然悟到善良的難得和真情的寶貴，說不定當他看到有人遭到難處時，會很快從自己曾經被人幫助的回憶中汲取勇氣和仁慈。其實，人在旅途，既需要別人的瞭解，又需要幫助別人。從這個意義上說，幫人就是積善。

而在積善的同時，你又多了一個朋友。這個社會是很現實的，只要你的朋友多，你就不怕自己被這個現實的社會打垮；反之如果你是一個自閉的人，不喜歡跟人相處的人，那麼或許在你的世界中便沒有「可能」兩個字。一件小事可成就一個人。多一個朋友，那麼你就多了一種可能，也多了一個成功的機會。

戰國時代有個中山小國。有一次，中山的國君設宴款待國內的名士。當時正巧羊肉羹不夠了，無法讓在場的人全都喝到。有一個沒有喝到羊肉羹的人叫司馬子期，此人懷恨在心，到楚國勸楚王攻打中山國。

楚國是個強國，攻打中山國易如反掌。中山國被攻破，國王逃到國外。他逃走時發現有兩個人手拿武器跟隨他，便問：「你們來幹什麼?」這兩個人回答：「從前有一個人曾因獲得您賜予的一壺食物而免於餓死，我們就是他的兒子。父親臨死前囑咐，中山國有任何事變，我們必須竭盡全力，甚至不惜以死報效國王。」

中山國的國君聽後，感歎的說：「怨不期深淺，其於傷心。吾以一杯羊羹而失國矣。即給與不在乎數量多少，而在於別人是否需要。施怨不在乎深淺，而在於是否傷了別人的心。我因為一杯羊羹而亡國，卻由於一壺食物而得到兩位勇士。」

這段話道出了人際關係的微妙。

朋友如路，有的路你走一遍就不走了；有的路你走著走著，發現它把你朝懸崖邊或危險的境地引領，於是你便離開，另覓新路；有的路雖然充滿坎坷和泥濘，也沒有花草點綴，但你喜歡與這種沒有遮掩的路親密接觸，因為它能讓你留下清晰的腳印；有的路儘管曲曲折折，且把你牽向險象環生的大山深處，你也樂意隨它經歷風險，因為你終會看到別人看不到的風景；有的路你越走越愛走，越走越寬闊，最終變成你人生路途中最重要的組成部分。

交友要交真誠的朋友，患難與共、生死相依的朋友最能長久，古人說「朋友千杯難知己，清茶一杯也醉人」，只有記住這句話才能交上真心的朋友。

41 靈活多變，任何人都會喜歡你

The Success Principle

在日常交際往中，有些人說話直言快語，這種人是非常真誠的，也是很受歡迎的。但有時候，效果並不佳，輕者損害人際關係的和諧，重者造成麻煩，違背言語交際的初衷。而有時有意繞開中心話題和基本意圖，採取迂迴戰術，從無關的事物、道理談起，即「兜圈子」，這樣做往往可以收到非常理想的效果。

在職場中你的靈活也是你的優勢，靈活的你更能獲得老闆的賞識，所以就要注重靈活多變，這會使你在任何場合中都會增加優勢。

孫臏是我國古代著名的軍事家，他的《孫臏兵法》到處蘊涵著變通的哲學。孫臏本人也是一個善於變通的人。

在孫臏初到魏國時，魏王想證實一下他的本事，以確定他是不是真的有才華。

一次，魏王召集朝中大臣，當面測試孫臏的智謀。

魏王坐在寶座上，對孫臏說：「你有什麼辦法讓我從座位上下來嗎？」

龐涓在一旁出謀說：「可在大王座位下生起火來。」

魏王說：「不行。」

孫臏說：「大王坐在上面，我是沒有辦法讓大王下來的。不過，大王如果在下面，我卻有辦法讓大王坐上去。」

魏王聽了，得意洋洋的說，「那好，」說著就從座位上走了下來，「我倒要看看你有什麼辦法讓我坐上去。」

周圍的大臣一時沒有反應過來，也都嘲笑孫臏不自量力，等著看他出洋相。這時候，孫臏卻哈哈大笑起來，說：「我雖然無法讓大王坐上去，卻已經讓大王從座位上下來了。」

眾人這時才恍然大悟，對孫臏的才華連連稱讚。

魏王也對孫臏刮目相看，孫臏很快就得到魏王的重用。

在現實生活中，每當我們處理問題時，很多人總是習慣性的按照常規思維去思考，這樣的人由於太死板而走向失敗。如果我們能像孫臏那樣，學會靈活變通，那麼你會發現「柳暗花明又一村」。只有變通，才會有另一種收穫，也才能達到目的；只有懂得變通的人，才會取得最後的成功。

做人做事要靈活多變，不能死板；看待事物是否完美，也要從內到外考察，不僅要內涵好，外表看起來也要高雅精緻，這就是追求完美。但從現實社會意義上說，不如理解為人的語言、人的身份、人的能耐、人的處事，不拘泥於某個地方，要靈活變通，才能在社會上左右逢源，獲得成功，也才能讓身邊的人喜歡你。

在《紅樓夢》第三回，林黛玉喪父後進京城，小心翼翼初登榮國府時，王熙鳳的幾段話就展現了她「會說話」的超凡才能。

人未到，卻先聽其笑，先聞其聲：「我來遲了，不曾迎接遠客！」尚未出場，就給人以熱情的感覺。

隨後王熙鳳拉過黛玉的手，上下細細打量了一回，仍送至賈母身邊坐下，笑著說：「天下竟有這樣標緻的人物，我今兒算見了！況且這通身的氣派，竟不像老祖宗的外孫女兒，竟是個嫡親的孫女兒，怨不得老祖宗天天口頭心頭一時不忘。只可憐我這妹妹這樣命苦，怎麼姑媽偏就去世了！」

一席話，既讓老祖宗悲中含喜，心裡舒坦，又叫林妹妹情動於衷，感激涕零。

而當賈母半嗔半怪說不該再讓她傷心時，王熙鳳話頭一轉，又說：「正是呢！我一見了妹妹，一心都在她身上了，又是喜歡，又是傷心，竟忘了老祖宗。該打，該打！」

在現代社會裡，仍然不乏這類「會說話」的女人。她們身處不同的社會環境，從事不同的職業，在這方面都有不俗的表現。

❦

領導者喜歡凡事肯變通、會適應的人，因為他們不但不用擔心這個人會受外在環境影響而情緒有所變化，導致工作品質下降，而且還可以依賴他在非常時期應付一些突發事件，建立奇功。

42 多從別人的失敗中總結經驗

The Success Principle

經驗，無論成功或失敗，無論是自己的還是別人的，都是人生寶貴的財富。在善於總結自己人生路上的經驗的同時，也不能忘記吸取別人的經驗，進而讓自己更加成熟。

失敗和困難有時會讓人們更加清醒的認識到自己的不足，然後才會不斷的充實自己，在完善和充實自己的同時，離成功也就只是一步之遙了。其實，失敗了不要緊，最重要的是要學會多從別人的失敗中總結經驗。

三隻駱駝在沙漠裡吃力的行走，牠們和主人帶領的駱駝群走散了。前面黃沙漫漫，牠們只能依賴一隻有經驗的老駱駝帶著走。一會兒，從牠們的旁邊走來了一隻筋疲力盡的駱駝，顯然，牠也是幾天前走散的。另外那兩隻駱駝輕視這隻駱駝，不肯帶牠一起走。

老駱駝終於開口了：「別這樣，牠會對我們有幫助的。」

說著熱情的招呼那隻落魄的駱駝，對牠說：「雖然你也迷路了，境遇比我們好不到哪裡去，但是我相信你知道自己走過的哪個方向是錯誤的，這就足夠了。我們一起上路吧，有你的幫助，我們一定會成功的。」

結果，在那隻駱駝的指點下，這四隻迷路的駱駝真的和駱駝群匯合了。

人們可以嘲笑別人的失敗，但如果能從別人的失誤中提煉自己的有用處之處並學習經驗，那是最聰明之舉了。失敗後善於總結經驗的人，學習力強，懂得從細節、別人身上學習和感悟，並且懂得舉一反三。大海之所以成為大海，是因為它比所有的河流都低。與這種人合作最大的好處就是能學到東西，而且重要的是他們謙虛。學歷代表過去，學習力掌握將來，只有這種謙卑的人，才能取得最後的成功。

馬雲在鄭州為三千多名年輕人講述自己的創業經歷時，給有志創業者打氣說：別人失敗的創業經歷是寶貴的，創業時要多學習別人失敗中的經驗。

馬雲說：最快樂的日子是在每月工資八十九元的時候，那時的我對生活有想法、有夢想、有目標，每天都會為下個月能否加薪而努力。馬雲認為，失敗的原因都是由欲望、貪欲引起，他告訴所有創業者，多花時間看別人如何失敗，學習別人失敗中的經驗。

而當他說到創業經驗的時候，他說：「如果我創業成功了，我就到哈佛教學；如果失敗了，我就到北大教學。創業成功沒有祕訣可循，我唯一能做的就是把我的失敗經驗告訴中國的學生，讓他們以我為鑒。」

有一個招聘文書人員的真實故事。招聘過程十分簡單，就是讓每個應聘者講一則生活、工作中失敗的故事。應聘者當中不乏博士、碩士，但老闆最終只錄用了一位透過自學考試的大專生。

這位大專生講了這樣一則故事。她先前在一家鄉鎮企業做文書工作。公司不是很大，只有二百多人。老闆有一個習慣，就是每個星期一早上要例行跟員工講一次話。有一次，原先起草講話稿的祕書生病了，寫稿的任務就交給了另一個同事。那個同事按照老闆交代的思路很認真的寫了，而且在星期一早上準時把發言稿交到了老闆的手上。但誰知道，老闆念講稿時，讀錯了幾個字，引起哄堂大笑。老闆很生氣，便將她辭退了。

她同事離開了，可是她想，為什麼老闆會念錯字？經打聽才知道，老闆僅僅只有小學的教育程度。為此，她不禁歎息，要是那個同事知道這些情況，在那些難認的字旁注上同音字就好了。因此，她總結出在工作中，要提高自己的工作主動性，如果對老闆的基本情況不瞭解，這是做文書工作的大忌，因此犯錯是早晚的事。

這位老闆聽她講完後，心靈為之一震，認為一個二十幾歲的女孩，能如此客觀的分析別人失敗的原因並總結經驗，這樣的一個人潛力無限。於是決定錄取她。

每個人都可能成為我們的老師。我們要善於從別人的失敗中學習經驗，避免同樣的錯誤發生在我們身上。

善於總結前人失敗的教訓，也是走向成功的途經，在現實的生活中我們不但要學習他人的先進經驗，也要認真對待他人失敗的教訓。只要為成功找對方法，透過不斷的努力，最終我們都會走向成功的。

不管是自己失敗還是別人失敗，要善於從理論上總結，透過事實真相掌握規律、掌握本質。有時候失敗了就是失敗了，說明自己還是存在問題的。不願承認自己和別人的差距，只會讓自己被前進隊伍甩得更遠。所謂不經一事不長一智，我們應在失敗後及時尋找原因，找出解決問題的對策，不斷提升自我，使自己日趨成熟，才能夠逐步走向成功。

43
The Success Principle

從細節海洋中發現有用資訊

老子曾經說過：「天下難事，必做於易；天下大事，必做於細。」

自古成功人士都是從細微之處做起的。而成功者的共同特點就是能夠抓住生活中的一些細節，能夠做好小事情。其實在每個人的身邊都存在著某些重要的資訊，只是看你懂不懂去抓住這些資訊，要學會從細節的海洋中發現有用的資訊。

在體育比賽中，我們經常看到有些人之所以取得冠軍，就在於那麼微小的一個動作，而這個動作卻是運動員長期訓練的結果。可以說，對細節的注重與否，決定了人生的成敗。培養注重細節的好習慣，提高善抓細節的能力，才能把個人潛在的智慧和力量更有效的發揮出來，才能少走冤枉路，少出紕漏，在通往事業成功的道路上穩操勝券。

上個世紀六〇年代初，在大陸祕密開發大慶油田時，日本人便想盡辦法的探聽情報，想得到油田具體的位置、產油量、開發時間等相關內容。一九六六年七月，《中國畫報》刊載了一幅「王鐵人」頭戴瓜皮帽的照片，日本人憑這個常人根本不會注意到的小細節就推斷出：油田所在地是攝氏零下三十度的東北地區。他們又根據照片中運原油的列車上灰層的厚度，推測出油田與北京的距離，認定這個大油田應在哈爾濱與齊齊哈爾之間。

三個月後的一九九六年十月，《人民中國》雜誌刊登了一篇宣傳王進喜先進事蹟的文章，其中透露出一個「馬家窯」的地名。

日本人根據這個地名推測：大慶油田在安達車站附近。再後來，日本人又找到一個誰都可能忽略的細節：王進喜原來在玉門油田工作，可是自從一九五九年參加國慶觀禮後就銷聲匿跡了，他去了大慶。日本人經過一系列分析，推斷出大慶油田的開發時間為一九五九年九月。事實證明，日本人的推斷全部正確！

這次情報收集與調查的成功，使日本後來在和中國石油工業進口設備的談判中佔據了主動位置，因此大獲全勝——幾乎壟斷了大陸石油設備進口的市場。

日本人憑藉幾個常人所不注意的小細節，就輕鬆的掌握了中國大陸的絕密情報，進而佔據了與大陸外貿談判的絕對主動權。

細節因其「小」，往往被人輕視麻痺；因其「細」，也常常使人感到繁瑣不屑。然而，很多時候，細節卻決定事情的成敗與否。

佛萊明出生在蘇格蘭的亞爾郡，他的父親是個勤儉誠實的農夫，生了八個孩子，佛萊明是最小的一個。由於家道中落，他不能完成高等教育，十六歲便要出來謀生；在二十歲那年，繼承了姑姑的一筆遺產，才得以繼續學業。二十五歲從醫學院畢業之後，便一直從事醫學研究工作。一九二八年，佛萊明在倫敦大學講解細菌學，無意中發現黴菌有殺菌作用，這種黴菌在顯微鏡下看來像刷子，所以佛萊明便叫它為「盤尼西林」(Penicillin的原意是有細毛的)。

從這時開始，佛萊明便對盤尼西林做一系列的研究，到了一九三八年，盤尼西林才正式在病人身上使用。在第二次世界大戰期間，盤尼西林救活了無數人的生命。佛萊明是一個腳踏實地的人。他不愛空談，只知默默無言的工作。起初人們並不重視他。他在倫敦聖瑪麗醫院實驗室工作時，那裡有許多人當面叫他小佛萊，背後則嘲笑他，給他取了一個外號叫「蘇格蘭老古董」。

有一天，實驗室主任賴特爵士主持例行的業務討論會。一些實驗工作人員口若懸河，嘩眾取寵，唯獨小佛萊一直沉默不語。

賴特爵士轉過頭來問道：「小佛萊，你有甚麼看法？」

「做。」小佛萊只說了一個字。他的意思是說，與其這樣不著邊際的誇誇其談，不如立即恢復實驗。

到了下午五點鐘，賴特爵士又問他：「小佛萊，你現在有甚麼意見要發表嗎？」

「茶。」原來，喝茶的時間到了。

這一天，小佛萊在實驗室裡就只說了這兩個字。佛萊明像往日那樣細心的觀察培養葡萄球細菌的玻璃罐。

「唉，罐裡又跑進去綠色的黴菌！」佛萊明皺了眉頭。

「奇怪，綠色黴菌的周圍，怎麼沒有葡萄球細菌呢？難道它能阻止細菌的生長和繁殖？」細心的佛萊明不放過任何一個可疑的現象，苦苦的思考下去。他進行了一番研究，證實這種綠色黴菌是殺菌的有效物質。他給這種物質取了個名字：青黴素。

有了這個發現，人類又從死神的手裡奪回許多生命。

每一個成功者所具備的成功特質與能力，都是由無數個細節習慣的積累而成的。因此，一旦養成良好的細節習慣，就不會再被刻意堅持好習慣與糾正壞習慣的矛盾心情所累，相反，那種水到渠成、收放自如的自控能力會讓你於輕輕鬆鬆中勝人一籌。

❦ 注重細節你將獲得成功，成功永遠是屬於那些有準備的人的，而有準備的人通常往往是注重細節的！

44 多角度思考，獲得多方面力量

The Success Principle

思考問題的角度不僅是多樣的，而且應該是無限的，並且是隨著時空的變化而變化的。只是就個體而言，它還要取決於自身的閱歷、學識和認識事物的方式。因此要學會多角度思考，就要同時豐富自身的經驗、提高知識水準，獲得多方面的力量。

可能很多人會想說為什麼要想那麼多方面呢？因為職場和文學是不一樣的，《哈姆雷特》，這部名著相信大家不陌生吧！不同的人心裡就有不同的《哈姆雷特》，這是文學。不同的人有不同的思維，而做事，不論做什麼事情，你能想到多少個角度，在這個世界上你所面對的不是某一個人，你會遇到各種各樣的人，用文學的角度來講，你將會遇到各種各樣的哈姆雷特。

小王，一個和很多人一樣，有著遠大的夢想，不過，他只是一個小小的櫃檯員，所負責的就是他所要推銷的產品——海鷗機械表。每次顧客總是到他的身邊詢問幾句，而他總是很驕傲的說海鷗牌是給有品位的人，介紹了海鷗表的品質和品牌。等到他講完的時候，身邊的顧客總是默默的離開了，他每次都很不明白自己的錯出在哪裡。

很多人也許也有著同樣的困惑，為什麼自己所推銷的產品一直賣不好呢？為什麼一直沒有特別的銷路呢？難道是自己缺乏自信，難道是自己所推銷的產品不夠好？不是，都不是，不是自己的穿著不好，不是自己的產品不好，自己的產品永遠是最好的，而最後能夠成為品牌的產品都是因為它的推銷員而成名。

這個推銷員失敗的原因是因為他不懂得多角度的思考問題，也不懂得站在顧客的立場上考慮問題。

在生活中有很多這樣的例子，雖然很普通，卻體現了一件事情的價值。如果一直都不懂得為別人著想，如果一直都不懂得站在別人的立場上去考慮問題，又憑什麼要別人去信服自己呢？你又能從哪裡獲得力量呢？最後你只會變得越來越沒有自信。試著從多個角度思考問題，這樣你才能夠獲得多方面的力量。

一個牛奶送貨員，在他的那個區域裡面工作了很久，所有的人都喜歡他。有一天，牛奶公司的老闆決定讓他去管理一個新的分公司。

於是他在離開的前一天，帶著一個新的牛奶送貨員來到這個區域，一家家的解說：「這家的牛奶是給孩子喝的，這個孩子才兩歲，每次都不會乖乖的喝牛奶。你可以在她的牛奶罐上放一個蝴蝶結，粉紅色的，這樣孩子就會喜歡。而這家是一個上班族，每次都是他養的狗出來拿的，所以可以在牛奶瓶上放一個鈴鐺，這樣他的狗就能夠很快的拿到牛奶。」

「為什麼你要想那麼多？別的牛奶送貨員都不會這麼麻煩的。」那個新進的牛奶送貨員十分疑惑的問道。

「小夥子，只有你多為別人著想，才會贏得別人的尊重。」老牛奶送貨員說道。

很多人看完這個故事都以為這只是一個生活啟示，其實不然。

每天，我們都會接觸不同的人，而不同的人總是會從不同的角度看事情，只有能想到各個角度、各個層面的問題，才能夠成功。這就是很多推銷員做不好的原因，他們並沒有摸清楚每個顧客的心思。只有站在顧客的角度，設身處地的為他們著想，顧客也許才會考慮買你的東西，而不是默默的走開。

歷史上那些科學巨匠與藝術天才，他們首要的思維策略即在於能從多個角度思考問題、研究問題、解決問題。達文西、愛因斯坦、弗洛依德這些傑出人物的一個共同特點，就在於他們往往從不同的角度重新構建所遭遇的各個方面的問題。同樣如此，在全球市場上，眾多的商業天才，諸如錢德勒夫人、泰德·特納、邁克爾·戴爾、傑夫·比克斯，他們都創造出此前消費者並不知道的市場。

不論是科學家、藝術家還是企業家，這些天才人物都善於從多角度思考問題。他們覺得，看待某個問題的第一種角度太偏向於自己看待事物的通常方式，就會不停的從一個角度轉向另一個角度，以重新構建這個問題。他們對問題的理解隨視角的每一次轉換而逐漸加深，最終便抓住了問題的實質。如果你想要成功的話，就在日常生活中多想想吧！多站在別人的角度，用別人的視野看問題，這樣才能得到更多人的相助。記住，只要比你的競爭對手多想到一點，你就會比你的競爭對手多一份成功的把握。

做到了多角度思考，就會發現其實很多事情並不像你想的那麼複雜。凡事都是多樣化的，為什麼不讓自己的生活過得更精彩呢？試一試多角度的思考，不僅會獲得多方面的力量，還會發現自己的世界原來是充滿色彩的。

45

The Success Principle

沒有時間，你因何而忙碌

在這個日新月異的時代中，多的是「忙人」。他們每天急急忙忙的上班，急急忙忙的說話，急急忙忙的做事，但到了月底一盤算，卻發現自己並沒有完成幾件像樣的事情。他們往往以一個「忙」字作為自己努力的漂亮外衣，卻沒有想到，這種忙只是「窮忙」、「瞎忙」，沒有給自己和公司帶來多少效益。一個連自己在忙什麼都不知道的人，想必也不是一個成功的人。

如果你已身心疲憊，但是一無所獲，那麼你可能不是工作不努力，而是沒有掌握提高工作效率的正確方法，在無意中浪費了你的生命。在忙的時候你經常會說自己沒有閒置時間，可是你可曾想過自己是不是在做有價值的事情，因此當你們感覺沒有時間的時候問問自己因何而忙碌。

文學家高爾基經過無數次實踐失敗，才認識到自己的優勢。開始，他愛戲劇，但此路不通。後來想去當馬戲團演員，別人說：「你歲數太大，骨頭硬了。」他只好去學寫詩，寫了厚厚的一本，詩人看後說：「你的詩很糟糕。」

最後，他碰到一位流放的革命家。高爾基講了自己的流浪生活，革命家叫他寫下來，寄到《高加索報》，一位編輯看了，連聲叫好。從此，一顆文壇明星升起了，光芒照耀全球。

實際上，有不少人一輩子也不想瞭解自己能做什麼，不能做什麼。格拉寧說：這種狀況在科學界是最可悲的……如果每個人都能知道自己能做什麼，並且朝著自己喜歡做的方向去忙碌，去努力，那麼生活會變得多麼美好！假如他們能把沒有方向、沒有目標的忙碌的時間，放在學習哪些實際需要的知識上面，用在正確的方向上，他的成就是沒有人敢估量的。並且從自己的實際需要出發，去選擇忙碌的方向，這樣發展的潛力才是無限的。

汽車大王福特從小就在腦海中構想一種能夠在路上行走的機器，用來代替牲口和人力。雖然全家人都要他在農場裡做助手，但福特堅信自己可以成為一名機械師。於是他花了一年的時間完成了別人需要三年才能完成的機械訓練，之後他又花了兩年多的時間來研究蒸汽原理，試圖實現他兒時的夢想，但並沒有成功。然後他又把全部的精力投入到汽油機研究上來，夢想有朝一日能造出一部汽車。

終於，他的創意得到了大發明家愛迪生的賞識，邀請他到底特律公司擔任工程師。經過十年堅持不懈的努力，他終於成功的製造了第一台汽車引擎。福特的成功完全歸功於他的正確定位和不懈努力。

這就是忙得有價值。給自己一個定位，並且朝著這個定位去忙碌，去發展，那麼你就是個有價值的人。不要認為自己是沒有價值的，其實並不盡然，所有的人都是有價值的，只是可能自己沒有找到一個屬於自己的定位。有些人就是天天都呈現在忙碌的狀態，但是過後呢，他們卻不禁要問：自己剛才那麼忙，忙到沒有時間，但自己究竟又做了什麼事情呢？不得而知，這就是沒有給自己一個明確的定位。

是啊，你是在忙，你是沒有多餘的時間，可是你在忙的時候又做了些什麼事情呢？你們可曾問過自己究竟是在為何而忙呢？要弄明白這個問題，首先就是要給自己一個明確的定位，不要「瞎忙」，也不要「白忙」。

❦

人生匆匆一過數十載，如果一直無法為自己的忙碌定位，無法做一些真正感覺有意義的事情，又怎能算是成功的人士？

沒有誰甘心一輩子平平淡淡的過日子。想要成功的人很多，但是真正可以獲得成功的人又有多少呢？

捫心自問，如果還沒給自己一個定位，就從現在開始尋找屬於自己的定位吧！讓自己過得更充實。

46

The Success Principle

挑戰發散思維，提升創造力

在這個社會上，創造力是一種很重要的東西，人總要提升自己的創造力，才可以創造出自己更美好的明天，那就讓我們一起來挑戰發散的思維，這是提升創造力的不二法門。

著名的心理學家吉爾福特指出：「人的創造力主要依靠發散思維，它是創造思維的主要部分。」

這裡所說的發散思維是指與集中思維相反的一種思維方式。發散思維對問題從不同角度進行探索，從不同層面進行分析，從正反兩極進行比較，因而視野開闊，思維模式活躍，可以產生出大量的獨特的新思想。集中思維是指人們解決問題的思路朝一個方向聚斂前進，進而形成唯一的、確定的答案。例如七加四等於十一，這就是聚合思維，而如果問：「還有哪些數相加也為十一呢？」這就有多種結論，這就是發散思維。

發散思維有什麼用呢？有了發散思維，就相當於有了創造力。

下面我們來看一組實驗：

目的：探討發散思維訓練對創造性個性和創造性思維的影響，探索培養創造力的有效途徑。

方法：以一百一十九名國中一年級學生為被試對象，其中對六十二名（實驗班）學生進行發散思維訓練，五十七名（對照班）學生不進行發散思維訓練。採用托倫斯創造思維測驗、中學生創造性個性測驗、學生發散思維測驗，對兩班學生於實驗前後施測。結果：訓練前，實驗班和對照班學生創造性個性和創造性思維測驗、發散思維測驗。結論：發散思維訓練對提高學生的創造力是有效的。

發散思維之所以能夠具有很大的創造性，就是因為它可以使人在遇到問題時使思維迅速而靈活的朝著多個角度、多個層次發散開來，從給定的資訊中獲得多個新穎性的答案。但是，發散思維的創造性又離不開輻合思維，只有透過思維的輻合才能從對各種答案的分析、比較中選擇出其中一種最佳的答案。

紐約里士滿區有一所由貝納特牧師創立的窮人學校，半個多世紀以來，聖．貝納特學院畢業的學生無論貴賤，他們都有一份職業，並且都生活得非常樂觀。尤其引人注目的是，五十年來，該校出來的學生，在紐約警察局的犯罪記錄中是最低的。

一位深感好奇的法學博士，曾花了長達六年的時間對聖．貝納特學院進行調查。凡是在該校學習和工作過的人，只要能打聽到他們的地址或信箱，他都會給他們寄去一份調查表，詢問他們「聖．貝納特學院教會了你什麼」。在這段漫長的時間裡，他共計收到三千七百五十六份問卷。在所有的這些答卷裡，有百分之七十四的回答，是他們知道了一支鉛筆有多少種用途。當博士看到這樣奇怪的答案時，他決定作進一步的調查研究。他走訪的第一個對象是紐約最大的一家皮貨商店的老闆。

這位受訪者說：「是的，貝納特牧師教會了我們一支鉛筆有多少種用途。我們入學的第一篇作文就是這個題目。當初，我認為鉛筆只有一種用途，那就是寫字。誰知鉛筆不僅能用來寫字，必要時還可當成尺用來畫線；還能作為禮品送人以示友愛；還能當成商品出售獲取利潤；鉛筆的鉛芯磨成粉可做潤滑劑，演出時也可臨時用於化妝；削下的木屑還可做成裝飾畫；一支鉛筆按相等比例鋸成若干份，還可以做成一副象棋，可以當玩具的輪子；在野外遇險時，鉛筆抽掉筆芯還能當成吸管喝石縫中的水；在遇到壞人時，削尖的鉛筆還能作為自衛的武器……總之，一支鉛筆有無數種用途。它讓我們這些窮人的孩子明白，有著眼睛、鼻子、耳朵、大腦和手腳的人更是有無數種用途，並且任何一種用途都足以使我們生存下去。」

這位捷克籍的博士受此啟發，認識到發散思維的奧祕，於是他決定放棄在美國謀求律師職位，當即返回祖國。目前，他已是捷克最大的一家網路公司的總裁。

這個事例充分證明了發散思維可以提高創造力。假如常常用非同尋常的方式將普通的資訊整合起來，你一定會發現到別人看不出的東西。有些研究人員會透過看一個人能夠想出多少種不同的使用迴紋針或牙籤的方法來衡量他的發散思維創造性，這就和貝納特牧師問他的學生「一支鉛筆有多少種用途」是一樣的。做到挑戰發散的思維，才可以更好的提升自己的創造能力，使自己一步步邁向成功的大門。

▶ 成功路上並不擁擠,因為堅持的人不多(讀品讀者回函卡)

■ 謝謝您購買本書，請詳細填寫本卡各欄後寄回，我們每月將抽選一百名回函讀者寄出精美禮物，並享有生日當月購書優惠！
想知道更多更即時的消息，請搜尋“永續圖書粉絲團”

■ 您也可以使用傳真或是掃描圖檔寄回公司信箱，謝謝。

傳真電話：（02）8647-3660　　信箱：yungjiuh@ms45.hinet.net

◆ 姓名：＿＿＿＿　□男　□女　□單身　□已婚

◆ 生日：＿＿＿＿　□非會員　□已是會員

◆ E-Mail：＿＿＿＿　電話：（ ）＿＿＿＿

◆ 地址：＿＿＿＿

◆ 學歷：□高中及以下　□專科或大學　□研究所以上　□其他＿＿＿＿

◆ 職業：□學生　□資訊　□製造　□行銷　□服務　□金融
□傳播　□公教　□軍警　□自由　□家管　□其他＿＿＿＿

◆ 閱讀嗜好：□兩性　□心理　□勵志　□傳記　□文學　□健康
□財經　□企管　□行銷　□休閒　□小說　□其他＿＿＿＿

◆ 您平均一年購書：□ 5本以下　□ 6～10本　□ 11～20
□ 21～30本以下　□ 30本以上

◆ 購買此書的金額：＿＿＿＿

◆ 購自：＿＿＿＿市(縣)
□連鎖書店　□一般書局　□量販店　□超商　□書展
□郵購　□網路訂購　□其他＿＿＿＿

◆ 您購買此書的原因：□書名　□作者　□內容　□封面
□版面設計　□其他＿＿＿＿

◆ 建議改進：□內容　□封面　□版面設計　□其他＿＿＿＿

您的建議：

剪下後傳真、掃描或寄回至「22103新北市汐止區大同路三段194號9樓之1讀品文化收」

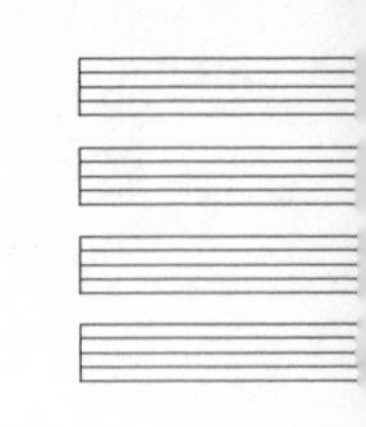

廣 告 回 信
基隆郵局登記證
基隆廣字第 55 號

2 2 1-0 3

新北市汐止區大同路三段 194 號 9 樓之 1

讀品文化事業有限公司　收

電話/(02)8647-3663 傳真/(02)8647-3660

劃撥帳號/18669219 永續圖書有限公司

請沿此虛線對折免貼郵票或以傳真、掃描方式寄回本公司，謝謝！

讀好書品嘗人生的美味

成功路上並不擁擠，因為堅持的人不多